Mittelamerikanisch kochen

Héctor Ernesto Mairena · Magrit Liepe

◆

Mittelamerikanisch kochen

Gerichte und ihre Geschichte

◆

Verlag Die Werkstatt · Edition d i á

Die Autoren

Héctor Ernesto Mairena, geboren 1959 in Managua/ Nicaragua, Rechtsanwalt und Journalist. 1987 gewann er den nicaraguanischen Poesie-Preis *Gregorio Aguilar*. Er lebt derzeit in Berlin.

Magrit Liepe, geboren 1952 in Berlin, gelernte Buchhändlerin, Studium der Außenwirtschaft. 2003 veröffentlichte sie in der Reihe »Gerichte und ihre Geschichte« *Polnisch kochen*.

Die Autoren bedanken sich für die Unterstützung bei der Übersetzung von Texten aus dem lateinamerikanischen Spanisch und traditioneller Rezepte aus der Sprache der Indigenen bei Ailin Basabe-García, Stefanie Malchow, Anne Schroeter, Rosa López, Barbara García, Charlene García und Jorge Luis Rojas Concepción.

Bibliografische Information der Deutschen Nationalbibliothek
Die Deutsche Nationalbibliothek verzeichnet diese Publikation in der Deutschen Nationalbibliografie; detaillierte bibliografische Daten sind im Internet über http://dnb.d-nb.de abrufbar.

© 2012 Verlag Die Werkstatt GmbH
Lotzestraße 22a, D-37083 Göttingen
www.werkstatt-verlag.de
Dieses Buch erscheint in der Reihe
»Gerichte und ihre Geschichte«
der Edition diá (www.editiondia.de)
Alle Rechte vorbehalten

Titelfoto: istockphoto/Jan Couver
Satz und Gestaltung: Verlag Die Werkstatt, Göttingen
Druck und Bindung: Westermann Druck Zwickau

ISBN 978-3-89533-874-8

Inhalt

Mittelamerika: die Landbrücke
zwischen Nord- und Südamerika................ 7
Bevölkerungsgruppen 8
Religion und Verehrung der Nahrungsmittel 13
Einflüsse und kulinarische Vielfalt.............. 21
Die Länder Mittelamerikas 22
Kaffee 26
Märkte 27
Feste und Feiertage........................... 29
Die Neue und die Alte Welt.................... 32
Typische Zutaten............................. 32
Früchte..................................... 36
Kräuter und Gewürze........................ 39
Maße und Abkürzungen 43

Rezepte
Traditionelle und Nationalgerichte ·
*Tradicionales y Nacionales de los paises de
Centroamérica* 45
Tortillas, Vorspeisen und Beilagen ·
Tortillas, Entradas y Quarniciónes 59
Suppen und Saucen · *Sopas y Salsas* 69
Gemüse und Salate · *Verduras y Ensaladas* 89
Fleisch und Geflügel · *Carnes y Pollo* 103
Fisch und Meeresfrüchte · *Pescados y Mariscos* .. 127
Brot, Gebäck und Kuchen ·
Panes, Galletas y Pasteles 137
Desserts und Süßigkeiten · *Postres y Dulces* 149
Getränke · *Bebidas* 159

Rezeptregister 168
Stichwortregister 173

Mittelamerika: die Landbrücke zwischen Nord- und Südamerika

Mittelamerika, die »süße Hüfte Amerikas«, wie Pablo Neruda, der chilenische Dichter und Literaturnobelpreisträger, in seinem Poem »Canto General« die Verbindung zwischen Nord- und Südamerika bezeichnete, vereint sieben Länder: Guatemala, Belize, El Salvador, Honduras, Costa Rica, Nicaragua und Panama. Geografisch betrachtet liegen die Länder südlich von Mexiko und nordwestlich von Kolumbien. Begrenzt sind sie vom Pazifik im Westen und vom Atlantik mit seinen langen weißen karibischen Stränden im Osten. Zentralamerika verfügt über ein warmes und feuchtes Klima an den Küsten, während es in den Gebirgsregionen etwas kälter ist. Auch erfreuen sich die Länder dieser Region einer beeindruckenden Flora und Fauna, Flachland und Gebirge sowie riesige Sumpfgebiete wechseln sich ab. In Mittelamerika befinden sich die größten zusammenhängenden Vulkane des pazifischen Feuergürtels – und von etwa 90 Vulkanen in diesem Gebiet sind noch über 31 aktiv.

Mittelamerika zeichnet sich aus durch großen Wasserreichtum. Dafür stehen Flüsse wie der Usumacinta in Guatemala, der Rio Coco in Nicaragua oder der größte See Mittelamerikas, der Lago Cocibolca oder Nicaragua-See. Hier lebt noch vereinzelt der Süßwasserhai, auch als Bullenhai bekannt. Früher wurden diese Tiere gejagt und waren fast ausgerottet, heute sichtet man hin und wieder noch eines der wenigen überlebenden Exemplare in den Tiefen des Sees.

Großer Wasserreichtum

In den mittelamerikanischen Ländern – bis auf das englischsprachige Belize als ehemals britische Kolonie – ist die offizielle Landessprache Spanisch. In einigen Landstrichen an der Atlantikküste Nicaraguas und Costa Ricas hört man noch vereinzelt das kreolische Englisch, denn zahlreiche Kreolen siedelten sich in diesen Gebieten an.

Bevölkerungsgruppen

Größtenteils leben in den Ländern Mittelamerikas die Abkömmlinge europäisch-indianischer Vorfahren, die Mestizen. In Guatemala überwiegt die indigene Bevölkerung. Die Sprache der indigenen Völker besteht aus 23 Maya-Dialekten, die sich bis in die heutige Zeit durch mündliche Weitergabe erhalten haben. Auch in Nicaragua und Honduras pflegt und bewahrt eine Minderheit von Indigenen die Tradition ihrer Vorfahren und deren Sprache, das Miscito.

In Belize und an der honduranischen Küste leben die Garifuna, ein Volksstamm mit schwarzafrikanisch-karibischen Wurzeln. Als Mitte des 17. Jahrhunderts westafrikanische Sklaven auf die in St. Vincent lebenden Kariben trafen, entstand eine neue gemeinsame Kultur und Lebensart von Menschen unterschiedlicher Herkunft und Traditionen, die bis heute in Zentralamerika weit verbreitet ist. Durch Umsiedlungen, die die Kolonialisten durchführten, wanderten sie in das Gebiet des heutigen Belize aus, ein anderer, kleinerer Teil auch nach Nicaragua, Guatemala und Honduras. Sie ließen sich an den Küsten nieder, und noch heute trifft man sie als Fischer oder in der Landwirtschaft an, vorwiegend im Bananenanbau. Die Garifuna vereinen aufgrund ihrer Herkunft vielfältige kulturelle Einflüsse, die sich in ihrer Musik, ihren Tänzen und auch in ihren Essgewohnheiten widerspiegeln. Etwa sieben Prozent der belizianischen Bevölkerung gehören dieser Volksgruppe an.

Blick in die Geschichte

Um die mittelamerikanische Küche zu verstehen, und damit auch die Lebensgewohnheiten der Menschen, ihre Feste, Bräuche, die Pflege ihrer Traditionen und die Nutzung der natürlichen Ressourcen, ist ein kurzer Blick in die jahrtausendealte Geschichte dieses kleinen, dennoch welthistorisch nicht unbedeutenden Teils der Erde notwendig.

Das Gebiet zwischen Pazifik und Atlantik wurde bereits vor Tausenden von Jahren von verschiedenen ethnischen Bevölkerungsgruppen bewohnt. Am bekann-

Bevölkerungsgruppen

testen von ihnen sind die Maya, aber auch die Nahuas oder die Corties ließen sich hier nieder. Andere, wie die Lencas und Pipiles, stammten von den Tolteken ab. Zu einer weiteren Gruppe gehörten die Malagalapos, Contales, Nicaraos oder Tawahkas – große Kulturen, die die Gegenden von Honduras und Nicaragua besiedelten. Weiter in Richtung Süden, in der Gegend des heutigen Kolumbien, siedelten sich die Kunas (Chibchas) an.

Die mesoamerikanischen Stämme pflegten zur damaligen Zeit bereits intensive Handelsbeziehungen untereinander und vereinzelt auch mit den Bewohnern der Karibik.

Vor etwa 15.000 Jahren sollen Menschen asiatischer Herkunft das mittelamerikanische Territorium besiedelt haben. Sie kamen über die Beringsee auf den Kontinent. Ein Indiz für diese Theorie ist die äußerliche Ähnlichkeit von Menschen asiatischer, vorwiegend chinesischer Herkunft und amerikanischen Indigenen. Historiker nehmen an, dass sich die ersten Siedler vom Norden her immer weiter Richtung Süden bis nach Kanada, Mexiko und Zentralamerika wandten. Eine andere Theorie besagt, dass sich – auch aus den Zuwanderern des asiatischen Kontinents – eine autonome Bevölkerungsgruppe bildete, die wiederum über Australien und die Antarktis den heutigen amerikanischen Kontinent besiedelte.

Bevor der Kontinent im 16. Jahrhundert durch die Spanier erobert wurde, entwickelte sich die mesoamerikanische Region vom Süden Mexikos bis zum Norden Guatemalas zu einem der wichtigsten Zentren des Volksstammes der Maya.

Zentrum der Maya

Die indigenen Völker auf dem mittelamerikanischen Kontinent lebten von der Landwirtschaft nach dem sogenannten »mesoamerikanischen Konzept«. Vorrangiges Anbaugut war Mais. Überall entstanden regionale Märkte. Sie waren auch Anziehungspunkt der Kaufleute, die von ihren ausgedehnten Reisen Geschirr, Kleidung und Luxusgüter mitbrachten.

Für die Ordnung ihres Lebens nutzten die Indigenen zwei Kalender. Der Kalender der Rituale umfasste 260, das Kalendarium des zweiten 365 Tage. Dennoch

Kalender

Kakaobohne

zeigten beide Ähnlichkeiten: Unter anderem bestimmten sie die Anlässe, zu denen Menschen den Göttern zu opfern waren.
Eine besondere, auch rituelle Bedeutung kam in dieser Weltgegend der Kakaobohne zu. Bereits das Volk der Olmeken, einer der ersten historisch bekannten indigenen Volksstämme, der um 1500 v. Chr. im Süden des heutigen Mexiko lebte, verehrte die Kakaopflanze. Sie wurde als Geschenk von Quetzalcoatl (Gefiederte Schlange), dem Gott der Azteken, betrachtet und galt als heilig.
Bei den Nachfahren der Olmeken, den Azteken und den Maya, wurde die Frucht der Kakaopflanze, die Bohne, als Opfergabe und Zahlungsmittel genutzt. Auch bereiteten sie aus ihr ein Getränk, das mit Wasser vermischt wurde. Die Spanier erkannten später relativ schnell den Wert dieser Pflanze. Sie legten riesige Plantagen an und exportierten den gewonnenen Kakao nach Europa.
Die Maya mit ihrer etwa 3000-jährigen Geschichte galten in der präkolumbianischen Zeit weltweit als eine der höchstentwickelten Kulturen, insbesondere auf den Gebieten der Mathematik, Astronomie, Literatur und Architektur. Die Ankunft der Spanier, ihre Eroberungszüge und die dadurch ausgelösten, auch internen Konflikte schwächten die Maya-Bevölkerung. Die großen Städte gingen unter, und der Glanz einer der größten Kulturen der damaligen Zeit erlosch.

»Entdeckung« und Kolonialisierung Amerikas

1492 stieß Kolumbus bei dem Versuch, den Seeweg nach Indien zu finden, auf den amerikanischen Kontinent. Im Glauben, Indien gefunden zu haben, nannte er die Bewohner Indios. Seit jener Zeit gilt der 12. Oktober offiziell als Tag der »Entdeckung« Amerikas, das Datum des »Aufeinandertreffens zweier Welten«.
Das einzige Mal direkten Kontakt mit dem heutigen Zentralamerika hatte der Seefahrer allerdings erst im Jahr 1502, als er mit seinem Schiff die Atlantikküste im Gebiet des heutigen Nicaragua, Costa Rica, Honduras und Panama entlangsegelte. Einige Jahre später, im Jahr 1510, kolonialisierte Vasco Nuñez de Balboa das Gebiet

Bevölkerungsgruppen

des heutigen Panama. Die erste offizielle Kolonie auf amerikanischem Boden wurde gegründet. Nach und nach wurden Nicaragua, Costa Rica, Teile von Honduras und schließlich ganz Mittelamerika kolonialisiert.

Damit begann eine bis in die 1820er Jahre reichende Kolonialherrschaft der Spanier, die fast das gesamte Mittelamerika umspannte. Die heute voneinander unabhängigen Länder Costa Rica, El Salvador, Guatemala, Honduras, Nicaragua und Panama entstanden ab der Mitte des 19. Jahrhunderts, als der Versuch scheiterte, die ehemaligen Kolonien zu einer »Republik der Föderation Zentralamerikas« zu vereinen. Britisch-Honduras erlangte seine Unabhängigkeit von der britischen Krone erst 1981 und wurde in Belize umbenannt.

Nach dem Ende der Kolonialherrschaft in Mittelamerika begannen Einwanderer aus vielen, vor allem europäischen Ländern in den ersten Jahrzehnten des 20. Jahrhunderts Bananenplantagen wie auch Zuckerrohr- und Baumwollfelder anzulegen. Für ihre Rinderherden benötigten sie große Weideflächen. Sie holzten riesige Urwaldgebiete ab, enteigneten die einheimischen Kleinbauern sowie die existierenden Agrargemeinschaften und beuteten für die Erreichung ihrer Ziele die Menschen auf grausamste Weise aus. In der Folge entstanden in den 1930er Jahren in fast allen Ländern – mit Ausnahme Costa Ricas – autoritäre Diktaturen und Militärregimes, die durch US-amerikanische Konzerne wirtschaftlich unterstützt und kontrolliert wurden.

Erst nachdem 1979 in Nicaragua die Sandinisten einen Sieg im Kampf gegen die brutale Somoza-Diktatur errangen und die politische Macht übernahmen, bildeten sich in den Nachbarländern verstärkt Widerstandsbewegungen gegen ihre Regierungen.

Bürgerkriege und Guerillakämpfe bestimmten jahrzehntelang die politischen und wirtschaftlichen Auseinandersetzungen in Mittelamerika. Erst in den 1980er Jahren setzte ein Demokratisierungsprozess ein. Die neuen politischen Veränderungen wirkten sich auch auf die Wirtschaft aus.

Demokratisierung

In Mittelamerika ist seit jeher die Landwirtschaft der führende Wirtschaftszweig, die Industrie spielt eine

Landwirtschaft

untergeordnete Rolle. Somit liegt der Fokus bei Produktion und Absatz auf den traditionellen landwirtschaftlichen Erzeugnissen wie Mais, Bohnen, Gemüse, Obst und zunehmend auch auf Kaffee.

Die Lebensverhältnisse der überwiegend ärmeren Bevölkerung in den Ländern Mittelamerikas haben sich trotz der politischen Liberalisierung nicht wesentlich verbessert. Noch immer zählt die Region zu den ärmsten der Welt.

Im Kampf um bessere Lebens- und Arbeitsbedingungen hilft den Menschen die Bewahrung ihrer Traditionen, internationale Unterstützung bei der Überwindung von Analphabetismus sowie im Gesundheitswesen und das Prinzip des fairen Handels. Mit diesem weltumspannenden Projekt werden Bauern, Plantagenarbeiter, Handwerker und ihre Familien unterstützt, um den Menschen eine Lebensperspektive zu geben und die Armut zu bekämpfen.

Religion und Verehrung der Nahrungsmittel

Wie in allen Zivilisationen und Kulturen, spielte auch im Leben der indigenen Stämme die Religion eine entscheidende Rolle. Leben und Tod, Frieden und Krieg, Überfluss oder Mangel, Reichtum oder Armut, Klima und Schicksal wurden in den Religionen seit jeher mit überirdischen Mächten in Verbindung gebracht.

So war auch die Ernährung der mittelamerikanischen indigenen Bevölkerung stark religiös ausgerichtet. Die Religion prägte insbesondere die polytheistischen Gesellschaften. Diese schrieben einer Vielzahl von Göttern die Fähigkeit zu, ihnen Nahrungsmittel zu gewähren oder anderweitig auf Ernte und Produktion einzuwirken.

Im »Popol Vuh«, dem heiligen Buch der zentralamerikanischen Quiche-Maya, heißt es, dass der Mensch aus Mais geformt sei, weswegen dieser als heilig galt und hoch verehrt wurde. Zu Beginn des mittelamerikanischen Winters, in den ersten Maitagen und zu Beginn des Maiszyklus werden die Götter bis heute um Regen und fruchtbare Erde sowie eine reiche Ernte gebeten.

Der Mensch ist aus Mais geformt

In seinem Buch »Das nicaraguanische Essen« beschreibt der Historiker, Politiker – er war von 1979 bis 1990 Agrarminister in Nicaragua – und ehemalige Comandante der FSLN Jaime Wheelock das religiöse Konzept, das dahintersteht: »Zu den interessantesten Begriffen, nach denen Nahrungsmittel ebenso wie Menschen unterschieden werden, gehören warm und kalt, feucht und trocken. Diese Unterscheidung beruht auf dem Glauben, dass alles von zwei großen Mächten beherrscht wird: der Macht der Unterwelt, der irdischen, die dominiert wird von frischen, feuchten, weiblichen und nächtlichen Essenzen, und der Macht der himmlischen Welt, dominiert von warmen, trockenen, männlichen Essenzen und solchen des Tages. Alle Lebewesen und auch die Natur gehören zu beiden Mächten.«

Die Religion sowie die Verehrung der Speisen haben in der indigenen Mythologie eine tiefe Bedeutung, wo-

Die Verehrung vieler Götter

bei die Maya- und Aztekenkulturen als Mutterkulturen auf dem Kontinent gelten. In der Religion der präkolumbianischen Bevölkerungsgruppen wurde eine Vielzahl von Göttern verehrt. Dazu gehören Kauil, der Gott des Feuers, Ek Chuak, der Gott des Handels, und Chak, der Gott des Wassers. Einer der wichtigsten Götter ist Thaloc, der die Dinge keimen lässt, der große und alte Versorger und Gott des Regens, der Fruchtbarkeit und des Blitzes. Die Indigenen kannten und verehrten zudem Xipe Totec, den Gott des Frühlings, der Keimung und der Erneuerung der Vegetation, Atlayoy, die Göttin der Trockenheit, und Atlaua, den Herrn des Wassers und Patron der Fischer und Bogenschützen. Höchste Verehrung wurde auch Centeotl zuteil, dem aztekischen Gott des Maises. Kaum weniger bedeutend war Huitzilopochtli, der Gott der Erde, auch »Kolibri des Südens« genannt.

Katholische Religion

Mit der Eroberung des Kontinents zwangen die Spanier den Indigenen ihre katholische Religion auf. Es gelang den Kolonialherren jedoch nicht, alle Formen der tradierten Götterhuldigung zu zerstören. In vielen Fällen wurden alte Bräuche und Rituale umgedeutet, um den »neuen Gott« zu ehren. Allmählich vermischten sich die religiösen Riten und die Formen religiösen Ausdrucks. So gelang es zumindest teilweise, die kulturelle, religiöse, wirtschaftliche und auch die kulinarische Identität beizubehalten.

Die vorkoloniale Küche

Das alte Mesoamerika erstreckte sich von Chiapas in Südmexiko bis zum nördlichen Teil Costa Ricas, entlang dem Korridor der zentralamerikanischen Landenge. Große Temperaturunterschiede zwischen Norden und Süden charakterisieren das Gebiet. Die Region verfügt über einen enormen Reichtum an tropischen Wäldern, für die Landwirtschaft geeignete Hochebenen, zahlreiche Flüsse, größere und kleinere Seen sowie ausgedehnte Küsten.

Die kulinarischen Traditionen der indigenen Völker Zentralamerikas basierten in der vorkolonialen Zeit im Wesentlichen auf dem Verzehr von Gemüse. Die Selbstversorgung gewährleistete vor allem der Mais,

Religion und Verehrung der Nahrungsmittel

das wichtigste Nahrungsmittel der süd- und mittelamerikanischen Bevölkerung. Bis in die Gegenwart haben sich parallel auch Kartoffeln, Kakao, Tomaten und Ananas als typische Lebensmittel des Kontinents erhalten.

»Wir sind die Kinder des Mais« – so lautet die Titelzeile eines Liedes von Luis Enrique Mejía Godoy, einem nicaraguanischen Komponisten, Sänger und aktiven Sandinisten. Mais wurde bereits von den Ureinwohnern kultiviert, vermutlich 7000 Jahre vor unserer Zeitrechnung. Die ältesten bekannten Überreste fanden Forscher in Mexiko und schätzten sie auf ein Alter zwischen 9000 und 6500 Jahren. In Honduras und El Salvador fanden sie Überreste aus der Zeit von 2200 bis 1800, in Nicaragua aus der Zeit zwischen 2000 und 1500 vor Christi Geburt.

»Die Kinder des Mais«

Mais war von unschätzbarem Wert für das Leben und Überleben. Seine Körner konnten roh gegessen werden, da sie sehr zart waren, man konnte ihn trocknen und fand eine Möglichkeit, ihn einzuweichen und zu kochen. Die Menschen lernten, Maismehl herzustellen und einen Teig daraus zu bereiten, um *Tortillas* (Seite 60) und *Tamales* (Seite 50) zu backen. Diese können nach der Herstellung leicht gelagert und erst viel später verbraucht werden. Die Bedeutung des Mais in der damaligen Zeit hat der nicaraguanische Schriftsteller José Coronel Urtecho so beschrieben: »Mais war Essen, Kochen, Arbeiten, Leben, Religion der Indigenen. Er war ein Geschenk ihrer alten Götter ...«

Im »Popol Vuh« wird Folgendes erzählt: Die Götter wollten die Stille der Welt brechen und Wesen erschaffen, die sich für das Wunder der Geburt bedankten. Erst nach langen Machtkämpfen unter den Göttern begann die Schöpfungsgeschichte der Menschheit: Die Götter formten nun Wesen aus Mais – Menschen mit Herz und Blut.

Bereits in den Mythologien der Maya und Azteken als göttliches Nahrungsmittel hoch geschätzt, reicht die Verehrung der Maispflanze bis in die Gegenwart und weit über die Grenzen Mittelamerikas hinaus.

Religion und Verehrung der Nahrungsmittel

Zubereitungsarten der indigenen Küche

Bernardo de Sahagún, spanischer Ethnologe des 16. Jahrhunderts, beschrieb in seiner »Allgemeinen Geschichte der Dinge von Neu-Spanien« verschiedene Zubereitungsarten, etwa das Dampfgaren oder das In-der-Erde-Kochen, und auch Utensilien wie den Holzkohlegrill oder den *Comal* (eine getrocknete und mehrmals behandelte Lehmplatte), der zur Zubereitung der *Tortilla* diente. Ebenso beschrieb er das Kochen und Puffen des Maises auf den Platten über dem Feuer.

Zu den Werkzeugen gehörte der *Metate*, ein quadratischer Block aus Stein, auf dem Mais oder Kakao mit dem *Metlapil* (langer Stein) gemahlen wurde. Auf dem *Molcajete*, einem länglichen, zylindrischen Steinblock, wurden Tomaten, Chili und andere Gewürze für die Sauce zerkleinert.

Die warmen *Tortillas* wurden in Maisblätter oder in ein Baumwolltuch eingewickelt und im *Tompiate*, einem kleinen Korb aus Schilf, aufbewahrt. In kleinen Körben aus Bast, den *Chiquihites*, wurde das Essen schließlich serviert.

Die *Tamales* – ein traditionelles, in Mais- oder auch in Bananenblätter eingewickeltes, gefülltes Maisteiggericht – wurden über einem Tontopf gedämpft, dessen Boden mit einer Mischung aus Kräutern, Gräsern und Maisblättern ausgelegt war. Auch frischer Fisch wurde so über Kräutern dampfgegart. Diese Zubereitungstechniken kann man noch heute, vor allem in ländlichen Gegenden, beobachten: zum Beispiel bei einem in Kochbananen eingewickelten, mit Maniok gegarten Rindfleischgericht, dem *Baho*, oder bei den unzähligen gefüllten Mais-*Tortillas*.

Küchenutensilien

Die Küchenutensilien wie Töpfe und Pfannen wurden in unterschiedlichsten Formen und Größen aus Ton hergestellt. Während einige Tonbehälter in die Erde eingelassen wurden, um Lebensmittel frisch zu halten, wurden andere zur Lufttrocknung von Lebensmitteln genutzt. Manche Gebrauchsgegenstände, beispielsweise Trinkbecher, stellte man aus der Frucht eines Baumes her, die ausgehöhlt, getrocknet und teilweise auch bemalt wurde. Je wohlhabender jemand

Religion und Verehrung der Nahrungsmittel

war, umso bunter waren sein Geschirr und seine Trinkgefäße.

Das Besteck in der vorkolonialen Küche bestand aus einem Holzlöffel und einem Messer aus Obsidian, dem vulkanischen Gesteinsglas. In einigen Gegenden sieht man mitunter noch *Gauacales* oder *Huacales*, Kistchen und Körbe, hergestellt aus feinem, dünnem Holz, die zur Aufbewahrung oder zum Transport von Schmuck und kleinen Dingen des alltäglichen Lebens verwendet werden.

Die mittelamerikanische Küche, wie wir sie heute kennen, ist gleichermaßen Erbe indigener vorkolonialer als auch der spanischen Kultur. Dennoch unterscheidet sie sich von beiden. Wie die traditionelle vorkoloniale Küche der zentralamerikanischen Bevölkerung hatte auch die spanische Küche zum Zeitpunkt der Eroberungszüge ein eigenes Profil. So schrieb der nicaraguanische Historiker Jaime Wheelock: »Im 16. Jahrhundert war die spanische Küche das Ergebnis verschiedener Kulturen, die die Halbinsel im Laufe der Jahre besiedelt hatten: Iberer, Kelten, Karthager, Griechen, Römer, Goten, Westgoten, Araber und Juden.«

Neue Nahrungsmittel aus Spanien und ihre Bedeutung

Spanien war seit dem Jahr 711 über viele Jahrhunderte von den Mauren besetzt. Sie brachten aus ihrer nordafrikanischen Heimat vor allem zahlreiche Gewürze mit, die ein Spezifikum der spanischen Küche wurden. Als die Türken Mitte des 15. Jahrhunderts Konstantinopel einnahmen und die Handelswege sperrten, trat eine unerwartete Gewürzknappheit ein. Das stürzte das spanische Königreich auch in eine politische Krise. Neue Handelswege für den Erwerb von Gewürzen mussten erschlossen werden.

Es wird vermutet, dass Christoph Kolumbus bei seinen Reisen aus diesem Grund von der spanischen Krone unterstützt wurde. Auf seiner zweiten Reise im Jahre 1493 führte er bereits viele Lebensmittel aus Europa mit sich, die in der »Neuen Welt« angesiedelt werden sollten. Weizen, Kichererbsen, Zwiebeln, Melonen, Rettich, Salat, Minze, Aubergine, Sellerie und Zuckerrohr waren die ersten Gemüsesorten, die auf der

Ansiedlung neuer Lebensmittel

von ihm benannten Antilleninsel La Española gepflanzt wurden. Während einige der Pflanzen wie der Weizen dort nicht kultiviert werden konnten, gelang bei anderen wie dem Zuckerrohr ein großer Erfolg.

In der ersten Eroberungsphase gab es in den spanischen Kolonien eine enorme Nachfrage nach Waffen, Munition und Nahrungsmitteln aus der Heimat. Doch die Entfernungen, das unbekannte Klima, die fremde Geografie und der indigene Widerstand erschwerten die Beschaffung. So waren häufig die Vorräte eher aufgebraucht, als der Nachschub eintraf. Die Spanier waren daher quasi gezwungen, die ihnen unbekannten Lebensmittel wie Mais, Kakao, Chili und Tomaten zu verzehren.

Nutztiere aus Spanien Auch Nutztiere brachten die Eroberer aus Spanien mit. Im Jahr 1561 begannen sie in Costa Rica und Nicaragua mit der Rinder-, Schweine-, Schafs- und Pferdezucht. Schweine- und Rindfleisch wurden so zu einem festen Bestandteil der Speisekarten in den Ländern Lateinamerikas.

Am besten gelang die Schweinezucht. Das Fleisch der Tiere setzte sich in der Region schnell durch, vorwiegend in Costa Rica und Nicaragua. Es wurde als Füllung zum unverzichtbaren Bestandteil vieler Gerichte, beispielsweise für *Tamales* und *Nacatamales* (Seite 52). Mit Schweinefleisch wurden und werden auch die *Morongas* (Seite 120) zubereitet, eine direkte Weiterentwicklung der spanischen Blutwurst *Morcilla*. Die bedeutendste Veränderung jedoch war die Verwendung von Schweinefett zum Braten. Es trug zur Entwicklung eines neuen, bald typischen Geschmacks wesentlich bei.

Spanisches Brot Während der Kolonialisierung stieg in Mittelamerika auch der Verzehr von spanischem Brot. Das Maisbrot, das die Indigenen aßen, lehnten die Spanier – vorerst – ab. Der Getreidekonsum der Spanier war sehr hoch. So wurde in den Kolonien der Anbau von Weizen, Gerste und Roggen versucht. Aber erst der Import in späteren Zeiten machte es möglich, dass Weizenbrot zu einem festen Bestandteil der lateinamerikanischen Küche wurde.

Bis zur Ankunft der Spanier süßte man in Mittelamerika Speisen und Getränke mit Honig und Fruchtfleisch. Die erste Zuckerrohrplantage legte Christoph Kolumbus 1493 auf der Insel La Española an. Anfangs gewann man den Zuckersirup durch stundenlanges Auskochen, später übernahmen tiergetriebene Mühlen die Arbeit. Dadurch vergrößerte sich der Ertrag, und Rohrzucker wurde zum allgemeinen Süßungsmittel. Der auf diese Weise gewonnene Zuckersirup eignete sich ausgezeichnet zur Herstellung von Süßigkeiten und wurde eine beliebte Zutat in den bäuerlichen Haushalten.

Rohrzucker

So gewann im Zuge der Eroberung die spanische Küche in kürzester Zeit in den mittelamerikanischen Ländern enorm an Einfluss. Neu auf den Speisezettel kamen Fleischbällchen, Hackfleisch, Blutwurst und die Süßigkeit *Polvorón* (Seite 148), ein leicht zu zerbröselndes Keksgebäck, Blätterteig, Schaumgebäck, in Honig getränktes Obst, Milchreis (Seite 150) oder das Spritzgebäck *Churros*. Von den Spaniern stammen Gelee, Essig, Senf, Zimt, Kreuzkümmel und Trockenobst, die in die traditionelle Küche der Mittelamerikaner einzogen.

Großer Einfluss der spanischen Küche

Der wechselseitige Einfluss der spanischen und der indigenen Küche verfestigte sich während der jahrhundertelangen Kolonialzeit. Der Schriftsteller Sergio Ramírez Mercado schrieb einmal:»Einer der kulturellen Einflüsse, der am wenigsten Widerstand erfährt, wenn nicht sogar überhaupt keinen, ist der kulinarische.«

In der zweiten Hälfte des 16. Jahrhunderts brach der Handel zwischen Spanien und Lateinamerika massiv ein. Gründe dafür gab es mehrere, einer der wichtigsten waren die Piraten der Karibik, die die Schiffe von und nach Spanien überfielen und ausraubten. Wieder wurden für die Spanier landesspezifische Produkte der einheimischen Bevölkerung lebensnotwendig. Während und nach der Überwindung dieser Krise formte sich die lateinamerikanische Küche noch einmal neu.

Allmählich kamen immer wieder neue Lebensmittel und Gewürze nach Mittelamerika. Der Knoblauch und die Zwiebel ergänzten den Annattosamen (*Achiote*) und die Chilischote.

Der Ofen, ursprünglich eingeführt, um Weizenbrot zu backen, eignete sich auch für Maismehl-Kreationen wie *Perrerreque* (Seite 148), ein nicaraguanisches Maismehlbrot. Neu für Mittelamerika waren Kuh-, Ziegen- und Schafsmilch, bei den Spaniern selbstverständlicher Bestandteil der Ernährung.

Verschmelzung beider Küchen

Die Costaricanerin Marjorie Ross González schreibt, »dass sich die Perfektion der Vermischung der spanischen und der prähispanischen Kultur am besten in den Suppen widerspiegelt, das, was unsere kreolische Küche ausmacht, sind die Suppen«. Auch erwähnt Ross González den *Olla de carne*, einen Fleischeintopf, als »das karibische Gericht« aus Costa Rica schlechthin. »Er ist Erinnerung an die Komposition aus indigen und spanisch.«

Eine weitere Speise gewordene Erinnerung an die Verschmelzung beider Küchen ist der in Nicaragua beheimatete *Nacatamal*. Er besteht aus Mais, Reis, Kartoffeln, Tomaten, Zwiebeln, Schweinefleisch sowie Oliven und Rosinen, wird zubereitet in Schweinefett, eingewickelt in Bananenblätter und einige Stunden gekocht. Serviert wird der *Nacatamal* mit Weizenbrot.

Einführung des Alkohols

Die Einführung des Alkohols und seine industrielle Herstellung haben die sozialen Bräuche ebenfalls spürbar verändert. Im prähispanischen Amerika war das Trinken von Alkohol religiösen Festen vorbehalten. Die Menschen tranken Maisschnaps oder auf natürliche Weise vergorene Fruchtsäfte. Mit der industriellen Produktion von Alkohol wurde dessen Genuss alltäglich.

In eigens dafür vorgesehenen Lokalen bot man *Bocas* an, kleine Häppchen mit unterschiedlichsten Zutaten. In Spanien als *Tapas* bekannt und ein typisches Gericht, waren sie eine wilde Mischung aus bekannten Rezepten und wurden auf Platten gereicht. Ihr Verzehr zielte darauf ab, den Alkoholkonsum weiter anzukurbeln.

Einflüsse und kulinarische Vielfalt

Mit der Eroberung durch die Spanier begann die radikale Ausrottung und Vernichtung der angestammten süd- und mittelamerikanischen Bevölkerung. Die *Conquista* hat Millionen von Indigenen das Leben gekostet. So gab es schließlich auf dem Kontinent kaum noch Arbeitskräfte, die die Eroberer für ihr Leben als Kolonialherren jedoch dringend benötigten. Daher begann Mitte des 16. Jahrhunderts die Verschiffung von Sklaven aus Afrika nach Süd- und Mittelamerika. Aus dem Senegal, Angola und Guinea wurden sie zuerst nach Panama gebracht, um sie von dort auf andere mittelamerikanische Länder zu »verteilen«, wo sie in Minen und auf Plantagen arbeiten mussten. Innerhalb von 400 Jahren wurden auf diese Weise etwa zwölf Millionen Afrikaner versklavt und nach Amerika verschleppt. Im Laufe der Zeit setzten die Kolonialherren Sklaven auch als Hausangestellte ein. Dieses »Zusammenleben« führte dazu, dass sich Weiße und Schwarze annäherten und ihre Kulturen sich schließlich auch vermischten. Dadurch gewann nach und nach die »schwarze Küche« an Bedeutung in den Haushalten.

Obwohl die Bevölkerung mit direktem afrikanischen Ursprung in Mittelamerika im Verhältnis zur Gesamtbevölkerung relativ gering ist und vor allem in den Küstengebieten der Karibik lebt, konnte sie ihre Kultur und auch ihre Essgewohnheiten seit Jahrhunderten bewahren. Bei den Lebensmitteln dominierten Fisch, Wildfrüchte und damals auch Schildkrötenfleisch. Die Afrikaner kannten viele Kräuter und Gewürze, die sie mit den karibischen Zutaten mischten. So entstanden immer neue, variantenreiche Gerichte, die in die traditionell indigene und inzwischen stark spanisch beeinflusste Küche übernommen wurden.

Einfluss der Afrikaner

Neben dem spanischen Einfluss in der mittelamerikanischen Küche begann auch der englische an Bedeutung zuzunehmen. Das wiederum war ein Ergebnis der Allianz der Engländer mit den Piraten der Karibik. Gemeinsam gingen sie gegen die Spanier vor, um deren Vorherrschaft auf dem Kontinent zu brechen. Das

Englischer Einfluss

starke Interesse der Engländer an den natürlichen Ressourcen der Region führte schließlich dazu, dass sie nach dem Sieg über die Spanier in der Schlacht von St. George's Caye am 10. September 1798 die Kontrolle über das Gebiet um das heutige Belize erlangten und auch die Atlantikküste Nicaraguas als ihr Protektorat betrachten konnten. Die englische Präsenz brachte neue Gemüse und Kräuter wie Zwiebeln, Oregano und Basilikum.

Zunehmend verstärkten sich auch die Einflüsse aus Nordamerika an der mittelamerikanischen Atlantikküste. Seit Mitte des 19. Jahrhunderts entstanden dort Zentren der Holz-, Bananen- und Minenindustrie. Dort liebten die Menschen besonders ein nordamerikanisches Dessert: *Johnny Cake* (Seite 147). Der wie ein Fladen geformte Kuchen wird mit Maismehl, Wasser, Zucker und Salz gebacken; an der Küste wurde er mit Kokosmilch verfeinert.

Die mittelamerikanische Küche ist – neben ihren traditionellen Grundbestandteilen Mais, Reis, Bohnen – reich an Zutaten aus aller Welt, eine Folge der historischen Ereignisse. Die Verschmelzung der indigenen, spanischen, afrikanischen, englischen und teils nordamerikanischen Einflüsse führte zu einem einzigartigen Geschmack und einer farbenfrohen Darreichung der Gerichte in den mittelamerikanischen Ländern und hat sich bis in die Gegenwart erhalten.

Die Länder Mittelamerikas

Belize

Belize, das kleine Land an der karibischen Küste, war seit jeher stark beeinflusst von der Küche der Maya, zu der kreolische Elemente hinzukamen. Die belizianische Küche zeichnet sich durch die variantenreiche Verwendung von Fisch und Meeresfrüchten wie Hummer und Shrimps aus. Sehr verbreitet und besonders bevorzugt vom Stamm der Garifuna ist der *Hudut* (Seite 128), ein in Kokosmilch und mit frischen Kräutern gekochter Fisch. Serviert wird er mit Kochbananenmus oder kreolischem Brot (Seite 143). Die Bewohner der kari-

Einflüsse und kulinarische Vielfalt

bischen Küsten nutzen den Fischreichtum des Meeres und den Nährwert der Kokospalme und sind sehr einfallsreich in der Zubereitung von weniger scharfen, aber schmackhaften Gerichten. Aber auch Schweinefleisch ist ein fester Bestandteil der Küche, ebenso das Fleisch der *Paka*, einer Meerschweinchenart. Dank seines fruchtbaren Bodens ist Belize reich an Obst und Gemüse. Das Nationalgericht der ehemaligen englischen Kolonie ist *Rice and Beans* (Seite 94), ein Reisgericht mit Kidneybohnen, die in Kokosmilch gekocht werden.

Im Gegensatz zu den Kaffee trinkenden Nachbarländern bevorzugt die ehemalige britische Kolonie traditionell Tee als Getränk.

Das kleinste Land Mittelamerikas, El Salvador, wird bestimmt durch eine Mischung aus spanischer und Mayaküche. Zu den Grundnahrungsmitteln gehören Mais und Bohnen, Maniok, Möhren, Kartoffeln, das Blattgemüse Chiplín, Paprika und Tomaten, aber auch Kochbananen und Obst, Bananen, Kokosnüsse, Ananas, Mangos oder Guaven.

El Salvador

Für Eintöpfe werden gemahlene Kürbiskerne und Sesamsamen verwendet. Auch auf Schweinefleisch und Geflügel wird nicht verzichtet. Sehr beliebt sind die *Chicharronnes* (Seite 119), ein Gericht mit gebratenen Schweineschwarten. Berühmt für El Salvador sind außerdem Meeresfrüchte in einer cremigen Sauce, die *Mariscada*, sowie der *Cevice* (Seite 132), ein roh marinierter Fisch. Beliebt sind zudem zahlreiche Frischkäse, darunter die *Crema salvadoreña*.

Das salvadorianische Nationalgericht heißt *Pupusa* (Seite 54): Die kleinen Mais-*Tortillas* werden mit *Queso* (Käse), *Frijoles* (Bohnen) oder *Chicharronnes* (knusprig gebratenen Schweineschwarten) gefüllt und auf einer heißen Platte gebacken. Weiterhin bietet die Küche die in ganz Lateinamerika beliebte *Sopa de frijoles* (Seite 74), eine Suppe aus roten oder schwarzen Bohnen. Als Getränke sind Fruchtsäfte und Kaffee verbreitet.

Honduras

Das Gerüst der honduranischen Küche bilden ebenfalls Mais, Reis und Bohnen, ergänzt durch Fisch und Meeresfrüchte, Fleisch und Geflügel, Gemüse und Obst. Ein Grundbestandteil ist die Kokosnuss; sie nimmt in der afrokaribischen Küche der in den Küstengebieten von Belize, Honduras und Nicaragua lebenden Garifuna einen führenden Platz ein.

Die vorherrschend maritime Küche ist sehr reichhaltig. Vor allem im Norden ist wegen der Küstenlage Fisch preiswert, und Meeresfrüchte wie *Camarones* (Krabben), *Langostas* (Hummer), *Cangrejos* (Krebse) und *Calamares* (Tintenfisch) werden zu variantenreichen Speisen verarbeitet. Zu jedem Essen werden *Baleadas* serviert, mit Fleisch, Bohnen und Käse gefüllte Mais-*Tortillas*.

In Honduras wird nicht an Chili gespart. Die Schoten kommen als scharfe Saucen auf den Tisch oder werden auch eingelegt serviert.

Zu den Spezialitäten der Landesküche zählt man *Anafre* (Seite 67), einen geschmolzenen Käse mit Bohnenmus, sowie die *Sopa de caracol*, eine Suppe, verfeinert mit in Streifen geschnittenen Riesenmeeresschnecken. Besonders gern werden Milchshakes mit Früchten getrunken.

Guatemala

Die Küche Guatemalas ist zum großen Teil von indigenen Traditionen beeinflusst, auch wenn mit der Kolonialisierung die Einflüsse der spanischen Küche zunahmen – das Staatsgebiet war einst Zentrum der Maya-Kultur. Die guatemaltekische Küche bietet neben anderen Spezialitäten kleine frittierte Bällchen aus Kabeljau, *Boudin*, würzige Schweinswürste und die scharfe Sauce *Pepián* (Seite 86). Wie in den Nachbarländern gehören *Tortillas* und *Tacos* zu den wichtigsten Beilagen.

Der Kaffee aus Guatemala ist weltweit berühmt. Auch werden bevorzugt Variationen frisch gepresster Fruchtsäfte getrunken. Alkoholische Spezialitäten sind ein Cocktail aus Rum, Limettensaft und konzentriertem Zuckerrohrsirup sowie der *Quetzalteca*, ein hochprozentiger Zuckerrohrschnaps, der nach Quetzal be-

Einflüsse und kulinarische Vielfalt 25

nannt ist, dem als Gottheit verehrten Vogel und Wappentier Guatemalas.

Panama

Panama vereint in seiner Küche sowohl Elemente der mittel- als auch der südamerikanischen Küche. Die vielen internationalen Einflüsse erwecken den Eindruck, dass das Land über keine »eigene« Küche verfügt. Panama ist ein sehr fruchtbares Land, in dem zahlreiche Gemüse und Früchte wachsen: Tomaten, Yams, Maniok und Kochbananen, Mangos, Kokosnüsse, Ananas und Papayas. Fisch, Meeresfrüchte und Geflügel werden gerne und häufig verwendet.

Im Gegensatz zu den benachbarten Ländern ist die panamaische Küche besonders scharf. Der *Sancocho* (Seite 71), ein scharfer Eintopf mit Geflügel-, Schweine- und Rindfleisch sowie mehreren Gemüsearten, gilt als Nationalgericht. In Panama finden sich auch die überall in Mittelamerika bekannten Speisen wie *Cevice* und *Tamales* oder ein Dessert aus Maniokmehl, der *Suspirtos*.

Nicaragua

In Nicaragua ist man stolz auf die eigene traditionelle Küche. Das Nationalgericht *Gallo pinto* (Seite 46) besteht aus Reis und roten Bohnen, der »Gefleckte Hahn« wird am liebsten bereits zum Frühstück gegessen. Trotz der überwiegend traditionellen Gerichte aus der präkolumbianischen Zeit ist auch die nicaraguanische Küche kreolisch und spanisch beeinflusst. Auch hier dominiert Mais als Grundnahrungsmittel. Der Fantasie, ihn in unterschiedlichsten Varianten zuzubereiten, sind keine Grenzen gesetzt.

Knusprig gebratene Schweinerippchen, frittierte Kochbananen, *Nacatamal* und unzählige *Tortilla*-Variationen zeichnen die Küche Nicaraguas aus. Fisch ist vorwiegend bei den Bewohnern der Atlantikküste Bestandteil der Speisen.

Eines der typischsten Getränke ist der *Pinolillo* (Seite 160), ein einzigartiges Getränk aus geröstetem Maismehl und Kakao, das mit Wasser oder Milch verrührt wird. Frische Säfte aus Früchten wie Mango, Ananas, Papaya, Melone und unzähligen exotischen kleinen und großen Früchten gibt es in den verschiedensten Geschmacksrichtungen – von herb bis zuckersüß.

Der bekannteste Rum Mittelamerikas, der *Flor de caña* (»Blüte des Zuckerrohrs«), wird in Nicaragua seit über 100 Jahren hergestellt. Sein Geschmack und seine besondere Note brachten ihm weltweit viele Auszeichnungen ein.

Costa Rica

Die traditionelle Küche Costa Ricas besteht aus afrikanischen, südamerikanischen sowie karibischen Elementen und ist ebenfalls beeinflusst von der spanischen Küche. Eine Besonderheit stellt hier der chinesische Einfluss dar. Chinesen, die Mitte des 19. Jahrhunderts als Arbeitskräfte nach Costa Rica kamen, um im Eisenbahnbau zu arbeiten, brachten Zutaten wie Soja, Senf, Hülsenfrüchte sowie die chinesische Gurke mit. Damit begann der Einfluss auf die costaricanische Küche, der sich in relativ kurzer Zeit im ganzen Land verbreitete.

Costa Ricas Küche ist weniger scharf als die der Nachbarländer, zum Beispiel Mexikos oder Panamas. Reis und schwarze Bohnen führen den Speiseplan an. Wie in Nicaragua ist auch in Costa Rica der *Gallo pinto* Nationalgericht und wird am liebsten gebraten gegessen. Auch die *Sopa negra*, eine aus Reis und dem Sud schwarzer Bohnen zubereitete Suppe, ist ein typisch costaricanisches Gericht. Der *Olla de carne*, ein deftiger karibischer Fleischeintopf, wird gern mit Sauerrahm verfeinert. Während in Mittelamerika traditionell viel frisches Gemüse gegessen wird, ist es in Costa Rica nicht so häufig auf dem Speiseplan zu finden, dafür umso mehr frisches Obst.

Kaffee

Zentralamerika gehört zu den Gebieten der Welt, in denen sich der Kaffeeanbau zu einem wichtigen Wirtschaftszweig herausgebildet hat. Die Kaffeepflanze kam zwischen Ende des 18. und Mitte des 19. Jahrhunderts nach Mittelamerika. Um die Wege, auf denen der Kaffee auf den Kontinent kam, ranken sich unzählige Le-

Einflüsse und kulinarische Vielfalt

genden. Sicher ist, dass er über die Karibik eingeführt und in Costa Rica als erstem Land angebaut und vermarktet wurde. Der Kaffeeanbau erlebte in Zentralamerika in historisch kurzer Zeit einen enormen Aufschwung. Die klimatischen Bedingungen, der weiche, lockere Boden, die vulkanische Erde und Höhenlagen von 600 bis über 1000 Meter boten in ganz Zentralamerika günstige Bedingungen für dessen Anbau in hoher Qualität. Guatemala und Costa Rica, El Salvador und Nicaragua verfügten bald über die bekanntesten und größten Kaffeeplantagen.

In Salvador wird der Kaffee unweit der Hauptstadt angebaut – von hier stammt der Kaffee der Kampagne *La Cortadora*.

Anbaugebiete

In Guatemala befindet sich die bekannteste Anbauregion im Hochland in der Nähe der ehemaligen Kolonialhauptstadt Antigua. Die Region liegt an einem der aktivsten Vulkane Zentralamerikas und verfügt über die besten natürlichen Bedingungen zum Anbau von Kaffeepflanzen. Der Kaffee aus dieser Gegend trägt den Namen *El Pulcal* und gilt als eine der edelsten Sorten Guatemalas.

In Nicaragua, dem Land der 1000 Vulkane, haben sich drei Anbaugebiete als besonders wirtschaftlich erwiesen: Matagalpa, Jinotega und Nueva Segovia. Der Kaffee wächst hier auf kleinen Plantagen, die sich meist in Familienbesitz befinden.

Jahrhundertelang wurden die Arbeitskräfte auf den Kaffeeplantagen ausgebeutet, darunter auch viele Kinder. In den letzten Jahrzehnten gründeten sich vielfach Kooperativen, die gemeinsam produzieren und ihre landwirtschaftlichen Erzeugnisse auch international vermarkten.

Märkte

Wie überall auf der Welt ist auch in Zentralamerika der Markt ein großstädtischer Mikrokosmos, ein »Thermometer der Stadt«, wie der Schriftsteller Julio Cortázar einmal nicaraguanische Märkte beschrieb. Die

Vorgänger der heutigen Umschlagplätze waren die *Tianguis*, fliegende Märkte, auf denen die Händler meist nur eine begrenzte Zeit blieben. Gewöhnlich zogen sie von Ort zu Ort. Mit der Ankunft der Spanier übernahmen die Händler viele charakteristische Waren der arabischen Märkte, wie es sie in Spanien gab. Als Zahlungsmittel fungierte die Kakaobohne, bis sich der spanische Real etablierte.

Auf den *Tianguis* boten auch Handwerker ihre Arbeitskraft an, eine Tradition, die sich bis heute erhalten hat. Sie waren auch bei der indigenen Bevölkerung beliebte Orte zur Verehrung ihrer Götter. Altäre, auf denen Verkäufer und Käufer religiöse Riten vollzogen, sind noch heute auf vielen Märkten zu finden.

Obwohl sich auch in Mittelamerika die Supermärkte und Fast-Food-Restaurants ausbreiten, wachsen die traditionellen Märkte weiter, und ihre Beliebtheit ist ungebrochen. Sie sind heute sowohl Handelsplätze, wichtige soziale Treffpunkte als auch Touristenmagneten und damit wirtschaftlich nicht unbedeutend.

Bekannte Märkte

Zu den bekanntesten Märkten gehört der *Mercado oriental de Managua* in der Hauptstadt Nicaraguas. Er ist mit etwa 20.000 registrierten Händlern und fünf Millionen Besuchern täglich auch der größte in der Region. Der berühmteste indigene Markt der Maya befindet sich in der guatemaltekischen Stadt Chichicastenango, von den Einheimischen liebevoll *Chichi* genannt. 130 Jahre alt ist der *Mercado central*, der zentrale und größte Markt in der costaricanischen Hauptstadt San José. Einer der buntesten Märkte ist der *Mercado Guamilito* in der honduranischen Stadt San Pedro, und auf dem Fischmarkt, dem *Mercado de mariscos* in La Ceiba, verkaufen Fischer und Fischhändler den typischen *Cevice*.

Feste und Feiertage

Feste und Feiertage bieten in allen Kulturen Anlässe, traditionelle Speisen und Getränke zu servieren. In Mittelamerika haben praktisch alle Feste einen religiösen Hintergrund. Mit dem Katholizismus, der durch die Kolonialisierung zur Hauptreligion wurde, wurden auch dessen typische, traditionelle Feiertage eingeführt. Zu den wichtigsten zählen in Mittelamerika Neujahr, Weihnachten und Ostern. Hinzu kommen *Fiestas patronales*, die Feste »zu Ehren des Schutzheiligen«.

Religiöse Feste

Jedes Volk oder Land feiert heute nach katholischem Brauch einen bestimmten Heiligen: so *Nuestro Señor de Esquipulas* (der schwarze Christo de Esquipulas) in Guatemala, *El Salvador del Mundo* (»Erlöser der Welt« und Namensgeber) in El Salvador, *Nuestra Señora de Suyapa* (Heilige Jungfrau von Suyapa) in Honduras, *Nuestra Señora de los Angeles* (Jungfrau Maria von den Engeln) in Costa Rica, San Isidro Labrador (Schutzpatron der Bauern) und die *Asunción de la Virgin María* (Mariä Himmelfahrt) in Panama.

Zu den *Fiestas patronales* werden regionale Spezialitäten zubereitet, wie der *Rondón* (Seite 82), eine der typischsten traditionellen karibischen Suppen, oder die afrokaribisch beeinflusste Schneckensuppe *Sopa de caracol*.

Die belizianische Bevölkerung begeht aufgrund der politischen Geschichte landesweit den Geburtstag der britischen Königin, den *St. George's Day*, und den Tag der Unabhängigkeit am 21. September.

St. George's Day

Zahlreiche Feste finden an den Küsten von Nicaragua, Belize und Honduras statt. Eines der bedeutendsten ist die *Fiesta del Palo de Mayo*, ein afrokaribisches Fest zu Ehren der Göttin der Fruchtbarkeit, das alljährlich im Mai stattfindet und in der nicaraguanischen Stadt Bluefields seinen Höhepunkt erreicht.

Fiesta del Palo de Mayo

Zu den wichtigsten Festen in den mittelamerikanischen Ländern zählt der Karneval *La Ceiba*, der ebenfalls jedes Jahr im Mai in der honduranischen Küstenstadt La Ceiba stattfindet. Große und kleine Stände mit

La Ceiba

Tag der »Entdeckung« Amerikas

traditionellen und typisch honduranischen Gerichten wie roten Bohnen, gefüllten Mais-*Tortillas*, honduranischem Käse und viel Fisch bestimmen das Bild der Stadt.

Zu Ehren von Kolumbus wird am 12. Oktober in der am Atlantik liegenden Provinz und Stadt Limón in Costa Rica der Tag der »Entdeckung« Amerikas gefeiert. Paraden und Verkäufer mit karibischen Spezialitäten wie *Rondón* bestimmen das Bild der Hafenstadt an der karibischen Küste.

La Purísima

Das Fest zu Ehren der Heiligen Jungfrau Maria, *La Purísima*, ist am 8. Dezember neben Weihnachten das wichtigste und traditionsreichste katholische Fest in Nicaragua. Eine Legende berichtet, dass am Morgen des 7. Dezember vor langer Zeit Wäscherinnen im Nicaragua-See ein Bündel schwimmen sahen. Jedes Mal, wenn sich die Wäscherinnen dem Bündel näherten, zog es sich auf den See zurück. Als die Frauen dies den Mönchen im Kloster berichteten, gingen diese zum See und suchten das schwimmende Bündel. Was sie im Wasser erblickten, war ein Abbild der Jungfrau Maria. Seitdem wird in Nicaragua, ausgehend von der Stadt León, dieser Tag »zu Ehren der Heiligen Jungfrau« gefeiert. Bis in das kleinste Dorf sind Altäre mit dem Bild von Mariä Empfängnis aufgestellt, an denen die Menschen Süßigkeiten, Getränke, Backwaren und kleine Geschenke zu Ehren Marias ablegen. Es wird gebetet, gesungen und getanzt. *Gofio* (Seite 158), eine Spezialität aus Maismehl, Nelken und Zimt, ist eine der typischen Speisen an diesem Tag.

Semana Santa

Die Heilige Woche vor Ostern, die *Semana Santa*, hat ihren Ursprung im katholischen Spanien. Neben traditionellen Tänzen und Gesängen werden an den Ständen typische Speisen der jeweiligen Gegend angeboten. Zu den bedeutendsten gehören Reis und Bohnen, knusprig gebratene Schweinerippchen, der *Iguana en pinol* (Leguan in gebratenem Maisteig), frittierte Kochbananen, Süßigkeiten aus Honig und frisch gepresste Obstsäfte.

Weihnachten

Weihnachten werden fast überall Hühnchen oder Truthahn, *Tamales* und in Nicaragua *Nacatamales* serviert.

Am 24. Dezember, dem Heiligen Abend, wird in Nicaragua um Mitternacht die Geburt Jesu gefeiert, und es werden gefüllte Hühner, Rum sowie verschiedene Säfte gereicht.

In El Salvador ist es Brauch, einen Weihnachtsbaum und eine Krippe aufzustellen. Um Mitternacht wird das Weihnachtsessen serviert, und anschließend werden Geschenke verteilt.

In Guatemala werden manche Geschenke bereits Heiligabend überreicht, andere erst zu Neujahr. In den Dörfern werden traditionell Figuren von Maria und Josef durch die Straßen getragen. Dort, wo sie am Abend des 24. Dezember eintreffen, wird ein großes Weihnachtsfest ausgerichtet, das die Einwohner des Dorfes gemeinsam feiern.

Die Weihnachtsvorbereitungen in Honduras beginnen lange vor dem 24. Dezember. *Nacatamales* aus Maismehl, der typische Truthahn und die *Torrejas* werden vorbereitet. Am Abend des 24. Dezember versammelt sich die Familie dann zum weihnachtlichen Essen.

Zu den Traditionen in Costa Rica zählen das Krippenspiel und das Weihnachtsessen mit *Tamales*.

Die Weihnachtsfeierlichkeiten in Panama sind eine Mischung aus amerikanischen und spanischen Bräuchen. Zwei Wochen vor dem eigentlichen Weihnachtsfest läutet eine Parade am Strand das Fest ein. Am 24. Dezember um Mitternacht findet ein Feuerwerk statt, und es werden Truthahn, Reis und Bohnen, Obst und Obstkuchen verzehrt.

In Belize sind Weihnachtsbäume und -lichter Tradition. Zum Weihnachtsessen gehören *Rice and Beans* mit Putenfleisch, Schweinebraten mit Mais-*Tortillas* als Beilage, Früchtekuchen mit Rum und die überall in Mittelamerika beliebten *Tamales*.

Die Neue und die Alte Welt

Als die spanischen Eroberer, gierig nach Gold, den amerikanischen Kontinent förmlich überrollten, ahnten sie nicht, dass sie in der sogenannten Neuen Welt Schätze ganz anderer Art kennenlernen würden. Es bedurfte einiger Zeit, bis sie erkannten, dass der Kontinent über einen unermesslichen Reichtum an Obstsorten, Gewürzen und Gemüse verfügte.

Tomaten, Kartoffeln, Mais, Pfefferschoten, Kakao, Avocados, Bohnen, Kürbisse und Früchte wie Ananas, Mango oder Papaya füllten die Vorratskammern der *Conquistadores* und fanden bald auch Verbreitung in der Alten Welt. Mais, Kartoffeln, Tomaten, Avocados und Zwiebeln, uralte mittelamerikanische Produkte, bereichern seit jener Zeit die europäischen Küchen; Früchte stapeln sich an den Ständen großer Märkte.

Die meisten Gerichte können heute in Europa fast landestypisch zubereitet werden, denn ein Großteil der mittelamerikanischen Zutaten ist in allen Städten der Welt in asiatischen oder lateinamerikanischen Spezialitätenläden und über das Internet erhältlich.

Typische Zutaten

Mais, rote und schwarze Bohnen, Paprika- und Chilischoten, Gemüse- und Kochbananen, Schweine- und Hühnerfleisch, Reis, Möhren und Maniok, Zwiebeln und die Kakaobohne gehören zu den Grundbestandteilen der mittelamerikanischen Küche. An der karibischen Küste stehen zudem Fisch und Meeresfrüchte auf dem Speiseplan. Dieser verzeichnet einen unschätzbaren Reichtum an saftigen exotischen Früchten. Ananas, Mango, Papaya, Wasser- und Honigmelone, Banane, Kokosnuss, Drachenfrucht, Zitrusfrüchte wie Pomelo und Orange sind Basis vielseitiger süßer oder ungesüßter Erfrischungsgetränke sowie für die Zubereitung abwechslungsreicher Desserts. Zuckerrohr gilt als das wichtigste Süßungsmittel, hinzu kommen Vanillezucker und Honig.

Markt in León in Nicaragua

Kaffeeanbaugebiete in Costa Rica

Kaffeepflanze

In einem populären Speisesaal auf dem Markt »Roberto Huembos« in Managua genießen junge Männer eine Rindfleischsuppe.

Landarbeiter polieren Mais.

Marktstand in Nicaragua mit typischen Früchten Mittelamerikas

Marktstand in Nicaragua mit charakteristischem Gemüse der Region

Die Neue und die Alte Welt

In den mittelamerikanischen Ländern wird gerne und gut gewürzt, von mild und süß bis scharf. Eine bunte Mischung typischer Gewürze vereint indigene, spanische, afrikanische, karibische, asiatische wie europäische Traditionen und Einflüsse und verleiht den Gerichten zwischen Panama und Guatemala eine kulinarische Einzigartigkeit.

Seit vielen Tausend Jahren wird in Mittelamerika die birnenförmige Avocado kultiviert. Das Lorbeergewächs hat seinen Ursprung in Mexiko und ist in allen tropischen Gebieten Mittel- und Südamerikas beheimatet. Der Name entstammt der altindigenen Sprache Nahuatl: *ahucatl* bedeutet ursprünglich »Hoden«. Der immergrüne Avocadobaum wird über zehn Meter hoch. Seine Früchte sind grün bis schwarz, das Fleisch hat eine gelbliche Farbe und ist butterweich. Avocados werden vielseitig verwendet: als Brotaufstrich, Füllung für *Tortillas*, püriert, zu Saucen, in Scheiben geschnitten zu Fleischgerichten und als Dip zu Vorspeisen. In ganz Mittel- und Südamerika verbreitet ist die *Guacamole* (Seite 90), eine Creme aus dem Fruchtfleisch der Avocado, vermischt mit verschiedenen Zutaten wie Chili, Tomate, Knoblauch und Zitronensaft.

Avocado
Aguacate
(Persea gratissima)

Die Bohne, von der unzählige Sorten in vielfältigen Farben bekannt sind, stammt aus Süd- und Mittelamerika. Seit Jahrtausenden wächst sie in den tropischen Gegenden und zählt neben Mais zu den traditionellen Grundnahrungsmitteln der lateinamerikanischen Länder. Am bekanntesten sind die schwarzen und roten Bohnen. Die schwarzen haben einen leichten Pilzgeschmack, ihr lateinischer Name lautet *Phaseolus vulgaris* (»gewöhnliche Bohne«). Die rote oder Kidneybohne wurde von den spanischen Kolonialisten nach Europa gebracht. Ihr hoher Eiweißanteil und die vielen Vitamine haben sie bekannt gemacht. Ihr Geschmack ist im Gegensatz zur schwarzen Bohne süßlicher. Bevor die Bohnen vor dem Verzehr gekocht werden, müssen sie über Nacht eingeweicht werden. Man kann sie in

Bohnen
Frijoles
(Phaseoli fructus)

Chayote oder Stachelkürbis
Chayote
(Sechium edule)

Lebensmittelmärkten mit Asiaprodukten oder in größeren Supermärkten kaufen.

Die Chayote ist eine Kletterpflanze und gehört zu den Kürbisgewächsen. Sie stammt aus Mittelamerika, der Stamm der Nahua nannte sie *Chayotli*. Nach Christoph Kolumbus, der die Pflanze auf den Antillen fand, wurde sie auch als Christophine bezeichnet. Die Frucht hat eine runde bis ovale, birnenförmige Form und ist mitunter etwas stachlig, ihre Größe variiert von zehn bis 20 Zentimeter. Die Chayote ist weiß bis grün, das weiße Fruchtfleisch schmeckt leicht süßlich. Sie wird, nachdem der Kern entfernt wurde, gedünstet oder auch gebacken und vorwiegend in Suppen oder in Salaten verwendet. In manchen Gegenden bäckt man daraus auch süße Kuchen.

Mais
Maíz
(Zea mays)

Die in Mittelamerika als göttlich verehrte Pflanze ist etwa 6000 Jahre alt. Sie kann bis zu drei Meter hoch wachsen; die Blätter, die den Stamm umfassen, werden bis zu einem Meter hoch. An den Maisstämmen wachsen Kolben, deren Körner verschiedenfarbig sind – die bekannteste Farbe ist Gelb.

In Mittelamerika, dem Ursprungsgebiet der Pflanze, findet man zahlreiche Arten, sowohl wild wachsende als auch von Menschen kultivierte. Seit dem 16. Jahrhundert wird Mais in Ländern wie Spanien und Italien angebaut, später verbreitete sich das Getreide auf dem gesamten europäischen Kontinent.

Mais ist eines der Grundnahrungsmittel in Süd- und Mittelamerika und der wichtigste Bestandteil der *Tortilla*, des mittelamerikanischen »Brotes«.

Maniok
Yuca
(Manihot esculenta)

Maniok ist eine Pflanze, die in den Tropen wächst und bis zu drei Meter hoch werden kann. Ihre Blüten haben eine gelblich-grüne Farbe. Die Wurzelknollen, die für die Ernährung verwendet werden, sind etwa einen Meter lang und sechs bis acht Zentimeter dick. Aus ihnen haben die Menschen bereits vor der Kolonialisierung Mehl hergestellt und Fladenbrote gebacken: Maniok gehört zu den wichtigsten Zutaten in der mittelame-

rikanischen Küche. Die Knolle ist länglich und findet vielfältige Verwendung: Sie wird zu Fladenbroten, Saucen und Suppen oder auch zu Stärke verarbeitet. Man bereitet sie wie Kartoffeln zu: säubern, schälen, das Mittelstück entfernen, in Stücke schneiden, kochen und bei Bedarf auch in Butter braten. Zu Mehl zerrieben, wird Maniok als Würze für Suppen oder Eintöpfe genutzt.
Die Knollen kann man überall in größeren Supermärkten kaufen.

Asien ist die Heimat des Reises, erst mit der Kolonialisierung kam er nach Zentralamerika und wurde dort neben Mais und Bohnen in kurzer Zeit zu einem der bedeutendsten Nahrungsmittel. Das Gras hat etwa eine Höhe von einem Meter, an den Halmen hängen Rispen mit jeweils über 100 Reiskörnern. Reis wird auf verschiedenartige Weise angebaut, abhängig von seinen natürlichen Bedingungen: an Berghängen oder auf wasserreichen Äckern. In Süd- und Mittelamerika wird in Höhenlagen von etwa 2000 Metern der Bergreis angebaut.

Reis
Arroz
(Oryza sativa)

Der Ursprung der Süßkartoffel liegt in Mittel- und Südamerika. Über die Jahrhunderte verbreitete sich die Pflanze, die am besten unter wärmeren klimatischen Bedingungen gedeiht, in fast allen tropischen Ländern. Die Knollen sind eiförmig und etwa 20 Zentimeter lang. Ihr Geschmack ist aromatisch-süßlich und ihre Farbe leicht rötlich. Die Knollen wachsen an einer Kletterpflanze, die bis zu drei Meter hoch werden kann. Der Süßkartoffel in Geschmack und Aussehen ähnlich ist die Yamswurzel, auch sie gehört zu den Knollengewächsen. Beide Arten werden gern als Beilage zu Fleisch- und Fischgerichten verwendet und zu Suppen verarbeitet.
Süßkartoffeln kann man überall in Supermärkten kaufen.

Süßkartoffel
Batata
(Ipomoea batata)

Früchte

Mittelamerika ist ein Paradies unzähliger saftiger exotischer Früchte, die zum täglichen Brot seiner Bewohner gehören – selbst vor den Hütten der Ärmsten wachsen Bäume mit saftigen Mangos und Papayas. An den Marktständen in den Städten türmen sich Melonen, Ananas, Orangen, Limonen, Kaktusfeigen, Kokosnüsse und vielfältige kleine und große Früchte, die von den Bauern geerntet und überall zum Verkauf angeboten werden.

Ananas
Piña
(Ananas comosus)

Die Ananas, eine Frucht mit süß-säuerlichem Geschmack, gelbem Fruchtfleisch und dem typischen Blätterschopf, wächst in den Ländern Mittelamerikas. Ihre Herkunft ist Südamerika, dessen Ureinwohner sie *Nana* nannten, was übersetzt »Wohlgeruch« bedeutet. Ananas wird erst seit der spanischen Kolonialzeit nach Europa exportiert. Kultiviert wurde die Frucht zuerst in Frankreich, wo sie nur bestimmten Schichten zugänglich war. Erst seit den 1950er Jahren verbreitete sie sich und findet seitdem vielseitigen Einsatz in den Küchen außerhalb der tropischen Länder. Die Ananas unterstützt eine gesundheitsbewusste Ernährung und enthält viele Vitamine. Man verzehrt sie in Scheiben oder Stücke geschnitten, in Salaten und in Desserts; auch als Getränk wird die Frucht genutzt. Als Zutat in Fleisch- und Fischgerichten verleiht sie diesen eine aromatisch-exotische Note.

Banane
Plátano
(Musa paradisiaca)

In Mittelamerika wachsen verschiedene Bananenarten. Die Stauden der Tafelbanane erreichen eine Höhe von bis zu sieben Metern. Die gelben Früchte sind süß und haben ein festes Fruchtfleisch, sie sind sehr nahrhaft und vielseitig verwendbar.

Schon in der Antike kannte man Bananen, die als Symbol der Weisheit galten. Ursprünglich aus Asien stammend, wird sie in allen Ländern Mittelamerikas angebaut. Sie ist eine der ältesten bekannten Früchte, aber erst seit Ende des 19. Jahrhunderts wird sie nach Europa exportiert. Im Gegensatz zur Kochbanane wird die »gewöhnliche« Banane roh gegessen.

Die Neue und die Alte Welt

Die Gemüse- oder Kochbanane ist grün bis dunkelgrün und bis zu 30 Zentimeter lang. Sie wächst in tropischen Gebieten an meterhohen Bäumen. Sie ist nicht zum Rohverzehr geeignet, sondern wird gekocht, gebraten, frittiert, gegrillt und für süße und herzhafte Gerichte genutzt. Abhängig von ihrer Verwendung wird sie vorher oder nachher geschält. Die Blätter des Bananenbaums dienen oftmals zum Einwickeln typischer Gerichte wie *Tamales* oder *Nacatamales*.

Eine andere, auch in Europa bekannte Bananenart ist die Babybanane. Sie hat ihren Ursprung in Südamerika, eine durchschnittliche Länge von bis zu acht Zentimetern und ist ebenso gekrümmt wie die bekanntere größere Banane. Ihr Geschmack ähnelt dem eines Apfels.

Bananen werden ganzjährig geerntet. Neben den überall erhältlichen Tafel- oder Obstbananen kann man in den Gemüseabteilungen ausgewählter größerer Supermärkte und in Märkten mit asiatischen Produkten Kochbananen kaufen.

Kaktusfeige
Higos cumbos
(Opuntia ficus-indica)

Die Kaktusfeige gehört zu den Kakteengewächsen, die ovalen Blätter sind mit Stacheln besetzt. Heimat der Kaktusfeige sind die heißen, sehr trockenen Gebiete Amerikas, und bereits die Ureinwohner des Kontinents nutzten diese Feigenart als Nahrungsmittel. Die spanischen Kolonialisten brachten sie nach Europa und pflanzten sie in heißen und trockenen Gegenden an, vorrangig auf den Kanarischen Inseln. Die Früchte werden bis zu acht Zentimeter lang, ihre Farbe ist gelblich bis bräunlich, das Fruchtfleisch gelb oder rötlich. Ihr Geschmack ist leicht süß-säuerlich, frisch und birnenähnlich. Ihre Verwendung finden Kaktusfeigen in Fruchtsalaten und Desserts, oder sie werden roh verzehrt.

Kokosnuss
Coco
(Cocos nucifera)

Die über 20 Meter hohe Kokospalme wächst ganzjährig in tropischen Gebieten, ihr Ursprung ist die Pazifikregion. Bei den Küstenbewohnern Mittelamerikas ist die Kokosnuss, die über zwei Kilogramm wiegen kann und als größte Nuss der Welt gilt, Grundbestandteil vieler

Gerichte. Sie hat eine dicke braune Schale, die sich nur schwer öffnen lässt. Darunter befindet sich süß-säuerlich schmeckendes Kokoswasser und nussig schmeckendes weißes Fruchtfleisch, das sehr fetthaltig ist. Die Frucht der Kokospalme ist vielseitig verwendbar: für Desserts, Salate, Suppen und Fleischgerichte. Das Fruchtfleisch wird vor der Verwendung geraspelt oder in Stückchen geschnitten. Man kann es auspressen und die Milch der Frucht, die Kokosmilch, trinken. Das Kokoswasser wird zur Erfrischung pur getrunken und häufig zur Herstellung von alkoholischen Getränken genutzt.

Mango
Mango
(Mangifera indica)

Die ovale, farbige und süße Mango hat ihre Heimat in Asien, zählt aber in allen tropischen Ländern zu den am weitesten verbreiteten und saftigsten Früchten. Sie wachsen an immergrünen Bäumen, die bis zu 20 Meter hoch werden können, werden bis zu 15 Zentimeter groß und haben einen hohen Vitamingehalt. Die Früchte werden überwiegend frisch verzehrt, jedoch auch für Desserts und Kuchen genutzt; Mangostücke werden als Beilage zu Fleisch- und Gemüsegerichten verwendet. Wegen ihres hohen Gehalts an Vitaminen, die für eine gesunde Haut sorgen, wird die Mango ebenso gern in der Kosmetik eingesetzt.

Melone
Melón

Melonen sind Kürbisgewächse, zu den bekanntesten ihrer Art gehören die Zuckermelone (*Cucumis melo*) und die Wassermelone (*Citrullus lanatus*).
Die Wassermelone stammt ursprünglich aus Afrika und wurde im 16. Jahrhundert nach Mittelamerika gebracht. Sie ist rund, grün und besitzt kräftig rotes Fruchtfleisch. Sie gilt als beliebter Durstlöscher.
Die gelbe Zucker- oder Honigmelone ist eiförmig und hat süßes Fruchtfleisch.
Melonen werden in Desserts oder Fruchtsalaten verwendet und häufig roh verzehrt.

Papaya
Papaya
(Cariaca papaya)

Mittelamerika gehört zu den Hauptanbaugebieten der birnenförmigen Frucht, die auf bis zu zehn Meter hohen Bäumen wächst und ganzjährig geerntet wird.

Die Neue und die Alte Welt

Papayas werden etwa 15 Zentimeter groß und wiegen durchschnittlich 500 Gramm. Ihr Fruchtfleisch ist orangefarbig, saftig, weich und schmeckt aromatisch mild.
    Wie die Mango verfügt auch die Papaya über einen hohen Vitamingehalt. Ihre Verwendung findet sie in Desserts, Salaten, Fleisch- und Fischgerichten. Vor der Verarbeitung und dem Verzehr werden die kleinen Kerne in der Mitte der Frucht entfernt.

Die meisten Zitrusfrüchte stammen ursprünglich aus asiatischen Gebieten. Aufgrund der klimatischen Voraussetzungen werden sie seit Jahrhunderten auch in den tropischen Gebieten Mittelamerikas großflächig angebaut und geerntet.

Zitrusfrüchte: Orange / Grapefruit / Limone
Naranja / Pomelo / Limón

    Orangen (Apfelsinen) wachsen auf etwa fünf Meter hohen Bäumen, sind sehr saftig und schmecken leicht säuerlich. Limonen sind klein, rund und dunkelgrün und wachsen überwiegend an dornigen Sträuchern. Sie sind ebenfalls sehr saftig, fast kernlos, aber um ein Vielfaches saurer als zum Beispiel Zitronen.
    Die Grapefruit ist eine Kreuzung aus Pampelmuse und Orange. Sie wächst an fast zehn Meter hohen, stark bewachsenen Bäumen, ist gelborange und größer als andere Zitrusfrüchte. Ihr Geschmack ist sehr herb, und sie verfügt über einen hohen Vitamin-C-Gehalt.
    Zitrusfrüchte können roh verzehrt werden und sind vielfältig verwendbar: als Getränk, in Desserts, im Gebäck oder zu Fleisch- und Geflügelgerichten.

Gewürze und Kräuter

Viele Gewürze und Kräuter haben ihren Ursprung in Asien, Afrika und den Mittelmeerländern und werden erst seit der Kolonialisierung in den lateinamerikanischen Ländern kultiviert. Zu ihnen zählen Basilikum, Ingwer, Kapern, Knoblauch, Kümmel, Lorbeerblätter, Nelken, Oliven, Pfeffer, Rosmarin, Sesam, Soja und Zimt.
    Unzählige Gewürze aber kannten die Menschen des Kontinents bereits lange vor der Kolonialisierung und

nutzten sie für die Zubereitung von Speisen oder als Nahrungsmittel.

Annatto
Achiote
(Bixa orellana)

Der Annatto- oder Orleansstrauch ist in den Ländern Mittel- und Südamerikas beheimatet. Die Früchte sind stachelig, rötlich und etwa fünf Zentimeter groß, die Samen sind rostrot und vier Millimeter groß. Annatto gilt als Gewürz, wird aber vorwiegend als Lebensmittelfarbstoff genutzt. In der Küche der Maya werden die Samen zu Pulver zermahlen und mit Gewürzen wie Oregano, Kreuzkümmel und Pfeffer sowie Wasser vermischt. In der karibischen Küche wiederum wird Annatto zu Öl verarbeitet.

Chili
Chile

In der Heimat des Chilis, in Süd- und Mittelamerika, wachsen unzählige Arten in einer Vielzahl von Formen, Größen und Geschmacksnoten – man zählt sie zu den Nachtschattengewächsen. Die Schoten sind grün oder rot, schmecken mild, pikant, süßlich oder scharf.

Der Cayennepfeffer (*Capsicum frutescens*) gehört zu den bekanntesten Chiliarten. Die Schoten wachsen an einem Strauch von etwa einem Meter Höhe mit länglichen Blättern und haben eine dunkelrote Farbe.

In den tropischen Ländern werden die Gerichte mit verschiedenen Arten von Chilischoten gewürzt.

Zu ihnen gehören die Ancho (»breit«), eine sieben Zentimeter lange und acht Zentimeter breite mahagonifarbene Schote mit einem milden Aroma.

Die Chipotle ist eine dunkelrote, fünf Zentimeter lange, spitz zulaufende, gekrümmte Schote. Sie ist sehr scharf und als Pfefferschote bekannt.

Die Güero ist etwas runder und milder als die anderen und hat eine Länge von etwa sieben Zentimetern. Ihre Hauptverwendung findet sie in der karibischen Küche.

Die Jalapeño ist grasgrün und glatthäutig, scharf und saftig. Die Länge der Schote beträgt etwa fünf Zentimeter.

Knoblauch
Ajo (Allium sativum)

Knoblauch gehört zur Gruppe der Zwiebelgewächse. Die ursprünglich zentralasiatische Pflanze wird überall in der Welt kultiviert. Die Knoblauchzwiebel wächst an einer Staude, die etwa einen Meter hoch ist, und hat einen scharfen, aromatischen Geschmack. Verwendung findet Knoblauch in Fleisch- und Gemüsegerichten, Saucen, Suppen und als eingelegtes Gewürz für kalte Gerichte.

Koriander ist eine petersilienähnliche Gewürzpflanze, die ursprünglich aus dem Mittelmeerraum stammt. Durch die Spanier nach Mittelamerika gebracht, wird sie heute in allen lateinamerikanischen Ländern kultiviert. Die einjährige Pflanze wächst an halbschattigen Orten. Sie findet überwiegend Verwendung in Gemüsegerichten, Gebäck und ist Bestandteil von Gewürzmischungen.

Koriander
Culantro
(Coriandrum sativum)

Die Wurzel hat ihren Ursprung in Asien und wird heute in vielen tropischen Gegenden kultiviert. Sie ist länglich, hat eine birnenähnliche Form und eine gelbe Farbe, ihr Geschmack ist leicht scharf. Die zu den Ingwergewächsen gehörende, mehrjährige Pflanze wächst vorwiegend in tropischen Gebirgsregionen und ist seit über 2000 Jahren bekannt. Gegen Ende des ersten Jahrhunderts gelangte sie nach Europa, nach Griechenland, wo man sie *Terra Merita* (»würdige Erde«) nannte. Erst im 18. Jahrhundert erhielt sie die latinisierte Bezeichnung *Curcuma*. Die Wurzel wird zu Pulver verarbeitet und Saucen, Reis-, Fleisch- und Hühnchengerichten zugegeben, auch in Gewürzmischungen ist sie enthalten. Neben dem Würzen dient Kurkuma auch einer leichten gelblichen Farbgebung von Speisen.

Kurkuma
Cúrcuma
(Curcuma longa)

Die Paprika ist eine Frucht aus der Gattung der Nachtschattengewächse. Die Heimat der vielfältigen Arten ist Mittel- und Südamerika.

Die Pflanze ist einjährig und kann bis zu einem Meter hoch werden. Ihre Blätter sind langstielig, und ihre Blüten ähneln denen der Tomate. Die Frucht der Pflanze ist die Schote – man kennt kleine und große, rote, grüne und gelbe, schmale und breite, deren Aromen von mild bis scharf reichen.

Paprika
Pimentón
(Capsicum annuum)

Bereits die Indigenen nutzten die Pflanze als Würze und zum Färben von Speisen. In Nicaragua lautet die historische Bezeichnung für Paprika *Chiltoma*, und sie gehört zu den wichtigsten Gewürzen bei der Zubereitung von Fleisch- und Gemüsegerichten. Nach der Eroberung durch die Spanier wurde Paprika auch in Europa kultiviert. Die Schoten werden zu Pulver verarbeitet und vielfältig zum Würzen oder als Gemüsegericht verwendet.

Vanille
Vainilla
(Vanilla fragans)

Die Heimat der Vanille ist Mittelamerika, heute wird sie überall auf den Inseln des Karibischen Meeres kultiviert. Man unterscheidet zwei Arten, wobei *Vanilla planifolia* als hochwertiges Gewürz verwendet wird. Die Vanillepflanze gehört zur Familie der Orchideen und ist eine Staude, die sich an riesigen Tropenbäumen entlangwindet. Die Blätter der Pflanze sind schmal und länglich mit weißen Blüten. Aus ihnen entwickeln sich lang gestreckte Früchte mit einer weißlichen Substanz, dem Fruchtfleisch. Die dunkelbraunen Früchte mit einer Länge von etwa zehn Zentimetern kennt man als Vanillestangen.

Bereits in der präkolumbianischen Zeit nutzten die Azteken und Maya Vanille zur Geschmacksverbesserung ihrer Schokoladengetränke, die sie aus der bitteren Kakaobohne bereiteten. Nach Europa brachten die Spanier das Gewürz im 16. Jahrhundert. Vanille wird hauptsächlich für Süßspeisen, Kuchen oder zum Aromatisieren von Getränken verwendet.

Maße und Abkürzungen

EL	Esslöffel
TL	Teelöffel
g	Gramm
kg	Kilogramm
l	Liter
ml	Milliliter

Wenn nicht anders angegeben, sind Tee- und Esslöffel gestrichen gefüllt.

◆

Traditionelle und Nationalgerichte
Tradicionales y Nacionales de los paises de Centroamérica

◆

»Gefleckter Hahn« – Reis mit Bohnen
Gallo pinto (Nicaragua, Costa Rica)

Gallo pinto gilt als das traditionelle Nationalgericht in Nicaragua und Costa Rica. Bereits zum Frühstück nehmen die Menschen beider Länder das schlichte, aber schmackhafte Gericht zu sich. Es besteht in seiner einfachsten Form aus gekochtem Reis und Bohnen, gewürzt mit Koriander, Zwiebeln und Paprika. Und je nach Anlass oder Gelegenheit wird der Gallo pinto mit verschiedenen Zutaten erweitert.

am Vortag beginnen

250 g rote oder schwarze Bohnen
Knoblauch nach Bedarf
1 Paprika
1 Zwiebel
Pflanzenöl
500 g Reis
1 Korianderzweig

Die Bohnen über Nacht in Wasser einweichen.

Am nächsten Tag in frischem Wasser mit Salz und Knoblauch weich kochen. Die Paprika halbieren, entkernen, waschen und fein würfeln. Die Zwiebel klein hacken.

In einer tiefen Pfanne Öl erhitzen, die Zwiebel und die Paprika anbraten. Den Reis hinzufügen und weiterbraten, bis die Zwiebel goldbraun ist. Falls nötig, Wasser zugießen, damit der Reis nicht anbrennt. Wenn das Wasser verdampft ist, den Topf vom Herd nehmen und abkühlen lassen – der Reis muss abgekühlt sein, damit der Gallo pinto nicht zu wässrig wird.

In einer großen Pfanne Öl erhitzen und die Bohnen weich braten, den Koriander dazugeben. Den Reis und wenig Bohnenbrühe untermischen und alles bei mittlerer Hitze weitere 10 Minuten braten.

Als Hauptgericht oder als Beilage zu Fleischgerichten servieren.

Dazu schmecken gebratener Käse, Spiegelei, Tortillas (Seite 60) oder Fleisch.

Kürbis-Empanadas – Gefüllte Kürbisteigtaschen
Empanadas de ayote (Guatemala)

In einer Schüssel das Mehl und 1 EL Salz mit dem klein gehackten Fett gut vermischen. Die Chilisauce und 5 EL kaltes Wasser untermischen, den Teig leicht kneten. Eine Stunde kühl stellen.

Für die Füllung in einer Schüssel die Rosinen mit kochendem Wasser übergießen und 10 Minuten stehen lassen, dann abtropfen lassen. Die Zwiebel würfeln und die Oliven hacken. In einer Pfanne das Öl mit den Rosinen schwach erhitzen, die Zwiebel zugeben und bei mittlerer Hitze glasig anbraten. Das Kürbisfleisch, die Oliven, den zerdrückten Knoblauch, Paprikapulver, Kreuzkümmel, Zimt und 1 TL Salz hinzufügen, kurz weiterbraten.

In einem Topf mit wenig Wasser das Rindfleisch bei schwacher Hitze in etwa 5 Minuten hellbraun kochen. Vom Herd nehmen, abkühlen lassen und in kleine Stücke schneiden. Den Pfanneninhalt pürieren und mit dem Fleisch vermischen.

Den Ofen auf 180° C vorheizen. Den Teig auf einer bemehlten Fläche ausrollen und acht Kreise mit einem Durchmesser von etwa 10 cm ausstechen. Jedes Teigstück mit etwas Füllung belegen, zusammenfalten, den Rand mit kaltem Wasser befeuchten und die Teigstücke gut verschließen. Auf ein Backblech legen, mit Eigelb bestreichen und im Ofen in etwa 25 Minuten goldgelb backen.

Auf einer Platte servieren. Die Empanadas schmecken am besten, wenn sie frisch und heiß gegessen werden.

für 8 Personen

250 g Mehl
300 g Pflanzenfett
Chilisauce

für die Füllung:
2 EL Rosinen
1 mittlere Zwiebel
1 EL grüne Oliven
2 EL Pflanzenöl
125 g Kürbisfleisch
1 Knoblauchzehe
1 TL scharfes Paprikapulver
½ TL gemahlener Kreuzkümmel
½ TL gemahlener Zimt
300-350 g mageres Rindfleisch
1 Eigelb

Kalte Platte zu Allerheiligen
Fiambre (Guatemala)

1-2 Tage vorher beginnen
für 20-25 Personen

18 Möhren
5 Güisquiles (Stachelgurken)
1 Blumenkohl
500 g grüne Bohnen
500 g Erbsen
25 kleine Pacayitas
   (Gemüsebananen)
1 Weißkohl
50 kleine Perlzwiebeln oder
   500 g klein gehackte
   Frühlingszwiebeln
125-250 ml Balsamicoessig
   nach Bedarf
100 g Zucker
¼ l Pflanzenöl
6 TL Senf
4 Lorbeerblätter
2 Thymianzweige oder
   gemahlener Thymian
130 g Kapern
1 EL Worcestersauce
1 Suppenhuhn
500 g Bratwürste
500 g Chorizo (Paprika-
   wurst)
500 g Zungenfleisch
500 g Schinken
500 g Mortadella
500 g Salami
1 kg Garnelen

für die Garnierung:
1 Paprika
12 Chilischoten
250 g fester Frischkäse

Fiambre wird in Guatemala traditionell am 1. und 2. November zu Allerheiligen und Allerseelen gegessen. Das Gericht wird kalt auf einer Platte serviert und enthält bis zu 50 Zutaten. Dazu gehören in der Regel zahlreiche Würstchen, Wurst- und/oder Käseaufschnitte, eingelegter Babymais, Zwiebeln, Oliven, Hühnerfleisch, Meeresfrüchte, verschiedene Gemüse und Kräuter, je nach Bedarf.

Seit Jahrhunderten wird das Gericht an die jüngere Generation weitergegeben. Alljährlich treffen sich die Familien und Verwandten, um diesen Tag gemeinsam zu begehen, der verstorbenen Verwandten zu gedenken und aus deren Lieblingszutaten den Fiambre zuzubereiten.

Am Vortag die Möhren waschen, weich kochen, schälen und in kleine Formen schneiden. Stachelgurken, Blumenkohl, Bohnen und Erbsen putzen und vorbereiten, getrennt voneinander kochen und abkühlen lassen. Die Gemüsebananen schälen und kochen, dabei dreimal das Wasser wechseln.

Den Kohl raspeln und mit den Zwiebeln, der Hälfte des verdünnten Essigs, 60 g Zucker, 125 ml Öl, 3 TL Senf, 1 TL Salz, ¼ TL geraspeltem Lorbeerblatt sowie einem Thymianzweig mischen und alles etwa 10 Minuten kochen. Die Kapern, den restlichen Essig, ¼ l Wasser, 125 ml Öl, 3 TL Senf, 2 EL Salz, 1 TL Pfeffer, zwei Lorbeerblätter, den zweiten Thymianzweig sowie 1 TL Worcestersauce hinzufügen. Gemüse und Bananen untermischen, mit dem restlichen Zucker abschmecken und alles weitere 5 Minuten kochen. Anschließend das Gemüse und die Brühe trennen, zur Seite stellen.

Das Suppenhuhn zerkleinern und das Fleisch weich kochen. Die Bratwürste, die Chorizo und die Zunge in Scheiben, den Schinken in große

Quadrate, die Mortadella und die Salami in dicke Streifen schneiden. Die Garnelen gut waschen, schälen und im eigenen Saft kochen. Das Gemüse, das Fleisch, die Wurst und die Garnelen in eine abgedeckte Schüssel legen, etwas Brühe darübergießen und über Nacht in den Kühlschrank stellen.

Am nächsten Tag für die Garnierung Paprika und Chili halbieren, entkernen, waschen und fein würfeln. Den Frischkäse klein schneiden, die Radieschen halbieren. Den Fiambre auf einer Platte anrichten, mit Salatblättern und den übrigen Zutaten garnieren, mit Parmesan bestreuen.

Die Vielfalt und Auswahl der Zutaten kann variieren, die Menge ist frei wählbar, je nach Anzahl der Gäste.

25 Radieschen
3 Kopfsalate, je nach Bedarf
6 hart gekochte Eier in Scheiben
250 g Oliven
2 Gläser mit Spargel
250 g Pickles
250 g geriebener Käse oder Parmesan

Varianten

Ohne die orangefarbenen Möhren heißt das Gericht Fiambre blanco, ohne Fleisch als vegetarische Variante Fiambre verde.

Gefüllte Maispastete in Mais- oder Bananenblättern
Tamales (Mittelamerika)

Tamales gehören zu den ältesten präkolumbianischen Gerichten. Sie sind in allen mittelamerikanischen Ländern verbreitet und zu allen Jahreszeiten ein beliebtes Gericht. Und nirgendwo wird während der Weihnachtszeit und bis in den Januar hinein auf die in Mais- oder Bananenblätter eingewickelten kleinen Maispäckchen verzichtet.

mehrere Stunden vorher beginnen

250 g Schweineschmalz
500 g Maismehl

für die Füllung:
1 Hühnchen
1 Möhre
1 Lauchstange
Sellerie, Suppengrün oder Wurzelwerk
1 Zwiebel
Pflanzenöl
2 Wacholderbeeren oder Piment
1 Lorbeerblatt
250 g Kartoffeln
2-3 Eier
Bananenblätter oder Alufolie
Kapern
Rosinen
Oliven
Tomatensauce

In einer Schüssel das Schmalz schaumig schlagen. Das Maismehl mit Salz mischen, nach und nach etwas Wasser zugießen. Wenn der Teig weich, aber nicht klebrig ist, ihn mit der Hand kneten. Das Schmalz zugeben, noch einmal durchkneten und etwa 30 Minuten ruhen lassen.

Für die Füllung das Huhn waschen. In einem Topf mit Wasser bei schwacher Hitze gar köcheln, dabei immer wieder das Fett abschöpfen. Währenddessen Möhre, Lauch und Sellerie putzen und klein hacken, die Zwiebel halbieren. In einer Pfanne Öl erhitzen und die Zwiebelhälften mit den Schnittflächen nach unten leicht anbraten. Bevor das Huhn gar ist, das Gemüse mit den Zwiebelhälften, Wacholderbeeren und Lorbeerblatt in den Topf geben und alles weiterkochen.

Sobald das Fleisch gar ist, es herausnehmen und abkühlen lassen. Das Gemüse mit einem Schöpflöffel herausnehmen und in eine Schüssel legen, die Brühe weiterköcheln. Währenddessen die Kartoffeln schälen und kochen, die Eier hart kochen.

Das Fleisch in Stücke schneiden, Kartoffeln und Eier würfeln. Die Bananenblätter in 20 mal 25 cm große Stücke schneiden, zwei Drittel des Teigs darauf verteilen. Darauf Fleisch, Kartoffel- und Eistücke, Kapern, Rosinen, Oliven und die anderen Zutaten verteilen, bei Bedarf mit etwas

Tomatensauce übergießen. Den restlichen Teig auf die Füllung verteilen und die Bananenblätter mit einem dicken Bindfaden zu einem Päckchen verschließen. Nebeneinander in einen großen Topf mit Wasser legen und bei mittlerer Hitze etwa anderthalb Stunden kochen.

Variante
In Costa Rica wird Schweine- und Hühnerfleisch für die Füllung verwendet.

Anmerkung
Das Rezept ergibt vier Tamales. Da die Zubereitung sehr aufwendig ist und mehrere Stunden in Anspruch nimmt, wird meist eine größere Anzahl zubereitet.

Gefüllte Maisfladen in Bananenblättern
Nacatamales (Nicaragua)

Die nicaraguanische Variante der Tamales sind die Nacatamales. Sie werden gewöhnlich zu Kaffee, Kakao oder dem gerösteten Maismehlgetränk Pinolillo gegessen. Die Nacatamales, die etwas größer sind als die Tamales, werden vor allem in den Weihnachtstagen zubereitet. Während dieser Zeit kochen auch die Honduraner überwiegend die nicaraguanische Variante.

1-2 Tage vorher beginnen
für 20 Personen

1 kg Schweineschmalz
2 kg Maismehl
25 Bananenblätter
  oder Alufolie
12 Kochbananen

für die Sauce:
1 ½ kg Schweinefleisch
250 g durchwachsener Speck
3 Paprika
3 Tomaten
3 Zwiebeln
1 Knoblauchknolle
1 EL gemahlene
  Annattosamen
Chilipulver nach Bedarf
Essig

für die Füllung:
250 g Rosinen
500 g Reis
9 Paprika
9 große rote Tomaten
9 mittelgroße Zwiebeln
250 g Kartoffeln
200 g Oliven

In einer Schüssel das Schmalz schaumig schlagen. Das Maismehl mit Salz mischen, nach und nach etwas Wasser zugießen. Wenn der Teig weich, aber nicht klebrig ist, ihn mit der Hand kneten. Das Schmalz zugeben, noch einmal durchkneten und etwa 30 Minuten ruhen lassen.

Für die Sauce das Fleisch in Streifen schneiden und den Speck würfeln. Die Paprika halbieren, entkernen, waschen und fein würfeln. Die Tomaten klein schneiden und die Zwiebeln würfeln. Alles miteinander vermischen, zerdrückten Knoblauch und Annatto hinzufügen, mit Salz, Pfeffer, Chili und Essig abschmecken. Falls nötig, etwas Wasser zugießen.

Für die Füllung einige Stunden vor der Zubereitung die Rosinen einweichen. In einem Topf den Reis kochen. Je eine Paprika, Tomate und Zwiebel würfeln und zugeben. Die Kartoffeln in dünne Scheiben schneiden. Die restlichen Paprika halbieren, entkernen, waschen und würfeln. Die restlichen Tomaten vierteln und die restlichen Zwiebeln in Ringe schneiden.

20 Bananenblätter in 25 mal 30 cm große Stücke schneiden, den Teig daraufgeben und glatt streichen. Nacheinander etwas Reis, Kartoffelscheiben, Rosinen, Zwiebeln, Tomate, Paprika und eine Olive darauflegen und alles mit der Sauce begießen. Die Blätter fest zusammenfal-

ten, andrücken und die Päckchen mit einem dicken Bindfaden fest verschließen.

In einem großen, breiten Topf die restlichen Bananenblätter auslegen, die Nacatamales nebeneinander darauf verteilen, mit Wasser bedecken und bei schwacher Hitze etwa vier Stunden kochen. Dabei löffelweise Wasser nachfüllen, damit die Nacatamales nicht anbrennen.

Währenddessen die Kochbananen schälen, in Scheiben oder längliche Streifen schneiden und frittieren oder braten.

Die Nacatamales heiß servieren und die Kochbananen als Beilage dazu reichen.

Salvadorianische Maistortillas
Pupusas (El Salvador)

Nationalgericht in El Salvador, das traditionell mit dem Krautsalat Curtido serviert wird

250 g Maismehl
(Masa harina)
Pflanzenöl

Aus Maismehl und etwa 60 ml Wasser einen festen Teig kneten. Mit einem feuchten Tuch abdecken und 5 bis 10 Minuten ruhen lassen.
Aus dem Teig Kugeln formen und auf eine bemehlte Fläche legen. Flach drücken und ausrollen, sodass die Fladen etwa 15 cm breit und 1 cm dick sind.
In einer beschichteten Pfanne wenig Öl erhitzen und die Fladen von jeder Seite etwa 2 Minuten goldbraun anbraten.
Dazu schmecken Curtido (Seite 92) und eine Tomatensauce.

Anmerkung
Pupusas werden meist gefüllt zubereitet. Dazu in die Mitte der Kugeln ein Loch drücken und mit Fleisch, Käse oder Bohnen füllen. Die gefüllten Kugeln gut verschließen und braten.

Pupusas

»Wie möchten Sie sie?«
»Feurig!«
Gewürzt mit Loroco, mit Käse,
Chicharronnes und mit Bohnen!
Heißer als die Vulkanasche des Ausol.
Durchgerührt.
Ich bin verrückt danach.
Wir rühmen ihre Tugend!
Die geliebte Pupusa!
Das Brot voller Sehnsucht!
Mit Applaus gebacken,
mit den glühenden Händen des Volkes
und seiner ganzen Seele.

Ricardo Castrorrivas
(salvadorianischer Dichter)

Salvadorianische Maistortillas mit knusprig gebratener Schweineschwarte
Pupusas con chicharrón (El Salvador)

200 g Schweineschwarte
Butter
1 Knoblauchzehe
1 grüne Paprika
4 Tomaten
1 Zwiebel
1 kleiner Korianderzweig
Pflanzenöl
Teig nach Grundrezept (Seite 60)

Die Schwarte in Scheiben schneiden. In einem Topf Butter zerlassen und die Scheiben leicht anbraten. Wenig Wasser zugießen und die Schwarte etwa 30 Minuten kochen, dabei löffelweise Wasser nachfüllen. Den zerdrückten Knoblauch und Pfeffer hinzufügen, das Fleisch weich garen.

Währenddessen die Paprika halbieren, entkernen, waschen und fein würfeln. Die Tomaten vierteln und die Zwiebel würfeln. Den Koriander klein hacken. In einer Pfanne Öl erhitzen, Zwiebel, Paprika, Tomaten und Koriander dünsten.

Das Fleisch in kleine Stücke schneiden, mit dem Pfanneninhalt vermischen und pürieren.

Den Teig und die Füllung nach Grundrezept verarbeiten.

Dazu schmeckt Curtido (Seite 92).

Varianten

Die Pupusas mit Käse, Bohnen, Kürbis oder einer Mischung aus mehreren Zutaten füllen.

Kreolischer Reis nach karibischer Art
Arroz criollo (Mittelamerika, Küstenregionen)

Mittelamerika ist stark von der kreolischen Küche beeinflusst, wobei diese in den Küstenregionen häufiger anzutreffen ist als in den übrigen Landesteilen. Abhängig von der jeweiligen geografischen Lage und den unterschiedlichen Traditionen der einzelnen Bevölkerungsgruppen wird dieser Reis sehr variantenreich zubereitet.

In einer beschichteten Pfanne die Cashewnüsse rösten. Die Paprika halbieren, entkernen, waschen und in Streifen schneiden. Die Zwiebel würfeln.

In einem Topf Öl erhitzen und die Zwiebel glasig andünsten, die Paprika zugeben und einige Minuten dünsten. Die Hühnerbrust zerkleinern und zugeben, alles bei schwacher Hitze braten, mit Salz und Pfeffer würzen. Den Reis und den zerdrückten Knoblauch hinzufügen und weiterbraten. Etwas Brühe zugießen, alles gut durchmischen und bei schwacher Hitze weitere 15 bis 20 Minuten garen. Mango und Ananas würfeln und zugeben.

In einer Pfanne Öl erhitzen, die Scampi anbraten und vor dem Servieren zum Reis geben.

Dazu schmecken Gemüse, Fleisch, Fisch und Tortillas (Seite 60).

10 Cashewnüsse
1 rote Paprika
1 Zwiebel
Pflanzenöl
250 g Hühnerbrust
500 g Langkornreis
1 Knoblauchzehe
100 ml Hühnerbrühe
1 Mango
1 Ananas
Scampi nach Bedarf

◆

Tortillas, Vorspeisen und Beilagen
Tortillas, Entradas y Quarniciónes

◆

Maisfladen
Tortillas (Süd- und Mittelamerika)

Tortillas, als »Brot« Mittel- und Südamerikas bezeichnet, sind dünne Maisfladen, die das Volk der Maya bereits Jahrhunderte vor der Kolonialisierung herstellte. Ob klein oder groß, rund oder eckig, süß oder herzhaft, gefüllt oder ungefüllt, werden sie als Beilage zu Fleisch- und Fischgerichten, zu Suppen, Bohnen und Käse serviert. Varianten der bekannten Tortillas sind Tacos oder Enchiladas.

für 12 Stück

250 g Maismehl

Das Mehl und 1 TL Salz mit ¼ l Wasser mischen, kneten und etwa eine Stunde ruhen lassen.

Auf einer bemehlten Fläche ausrollen, zwölf gleich große Teile ausschneiden, zu Kugeln formen und diese zu runden Fladen pressen.

Eine beschichtete Pfanne ohne Fett erhitzen und die Fladen backen. Sobald sie sich vom Boden lösen lassen, wenden und die zweite Seite backen. Herausnehmen, einzeln in Alufolie einwickeln und in einem Korb aufbewahren.

Mit oder ohne Füllung servieren.

Tortillas

Morgens erfreut sich sein Herz,
rundherum ein Lächeln, das ihn streichelt.
Seit seiner Kindheit singt er,
seit seiner Kindheit verkauft er.

Tortillas liebt er!
Tortillas, das Brot Gottes!

Die Herzen gehen verloren.
Ohne Bildung sind die Herzen.
Barfuß gehen sie zur Arbeit.
Sie verlassen ihre Behausungen,
ihren Heimatboden.
Sie gehen in eine andere Welt,
eine ganz fremde Welt.
Sie verspielen ihr Leben,
verkaufen Tortillas.
Sie leben in Luxus und Schlössern,
umgeben von Mauern.
Und der Spitzbube weiß:

Es ist eine andere Welt.
Gut oder schlecht ist die Welt,
gleichzeitig für viele.

Tortillas liebt er!
Tortillas, das Brot Gottes!

Moises Gadea
(nicaraguanischer Sänger und Liedermacher)

Das Lied kann man sich auf Youtube anhören.

Gebratene Kochbananen
Madurar (Mittelamerika)

Die Kochbanane ist in der mittelamerikanischen Küche ein unentbehrliches Lebensmittel und vielseitig einsetzbar: ob gebraten, frittiert, püriert, in Scheiben oder in längliche Streifen geschnitten. Sie dient als Beilage oder als Dessert. Die Blätter der Gemüse- bzw. Kochbananen werden zum Einwickeln oder als Unterlage für typische Maisgerichte verwendet.

4 reife Kochbananen
125 ml Pflanzenöl

Die Bananen schälen, längs halbieren oder in längliche Streifen schneiden.

In einer Pfanne das Öl erhitzen, nach und nach die Bananenstreifen hineinlegen und bei mittlerer Hitze braten. Das Fett durch ein Sieb abtropfen lassen und die Bananen mit Salz bestreuen.

Variante
Tostones, in Scheiben geschnittenen Bananen, werden auf die gleiche Weise zubereitet. Sie werden vorwiegend als Knabbergebäck serviert.

Anmerkung
Besonders schmackhaft sind die Bananen, wenn sie in einer Fritteuse zubereitet werden.

Maispfannkuchen
Chorreadas (Costa Rica)

Die Maiskörner von den Kolben trennen und in eine Schüssel geben. Mit den übrigen Zutaten zu einer glatten Masse verrühren.

In einer Pfanne Fett erhitzen, jeweils 2 EL Teig zu einem Kreis ausstreichen und anrösten, dann umdrehen und goldgelb braten. Auf einen Teller legen und warm stellen. Mit dem restlichen Teig auf gleiche Weise verfahren.

Die Pfannkuchen je nach Geschmack mit Sauerrahm, Früchten oder Käse belegen oder mit Knoblauch beziehungsweise Kräutern bestreuen und servieren.

für 12 Stück

8 reife Maiskolben
¼ l Milch
6 EL Mehl
6 EL Zucker
2 Eier
Fett zum Braten

Maismehlkringel
Totopostes (El Salvador)

Alle Zutaten miteinander vermischen und zu Kugeln formen, flach drücken und zu Kringeln formen.

In einer Pfanne Fett stark erhitzen und die Kringel in 15 Minuten goldgelb backen, dabei regelmäßig wenden. Das Fett abtropfen lassen und die Kringel auf einen Teller legen. Als Knabbergebäck servieren.

250 g geröstete und
  gemahlene Maiskörner
100 g Butter
50 g geriebener Käse
  oder Parmesan
Fett zum Braten

Maistörtchen mit Loroco
Tortitas de loroco (El Salvador)

200 g Maismehl
50 g Loroco-Kraut oder Chicorée
120 g Frischkäse
Pflanzenöl

Das Maismehl mit etwa 60 ml Wasser, dem Loroco-Kraut und Käse vermischen. Aus dem Teig mehrere kleine, runde Törtchen formen.

In einer Pfanne Öl erhitzen und die Törtchen goldbraun braten. Herausnehmen und abtropfen lassen.

Heiß als Beilage zu Fleischgerichten oder als Vorspeise servieren.

Gekochter Käse mit Zwiebeln und Tortilla
Quesillo (Nicaragua)

500 g Sauerrahm oder fester Quark
1 mittlere Zwiebel
Essig
4 Tortillas (Seite 60)
500 g Sahne

Den Sauerrahm kneten, zu vier Kugeln formen, etwas flach drücken und kurz in heißes, abgekochtes Wasser tauchen. Die Zwiebel würfeln und in siedendem Wasser bei schwacher Hitze etwa 4 Minuten köcheln. Herausnehmen und nach Geschmack mit ein paar Tropfen Essig mischen.

Die Käsekugeln auf die Tortillas legen, andrücken, mit den Zwiebelwürfeln bestreuen, mit Salz abschmecken und mit Sahne begießen. Als Vorspeise servieren.

Spinattörtchen
Tortas de espinacas (Nicaragua)

Den Spinat waschen und fein zerkleinern. Die Tomaten klein hacken und die Zwiebeln würfeln. Die Eier hart kochen, abkühlen lassen, pellen und klein hacken.
  In einem Topf den Spinat etwa 10 Minuten kochen. Mit den Tomaten, den Zwiebeln, den Eiern und dem Käse zu einer festen Masse vermischen, zu mehreren kleinen, runden Törtchen formen, mit Salz und Pfeffer abschmecken.
  Öl erhitzen und die Spinattörtchen braten.
  Als Vorspeise oder herzhafte Nachspeise servieren.

500 g frischer Spinat
2 Tomaten
2 Zwiebeln
2 Eier
60 g Frischkäse
Pflanzenöl

Variante
Die Spinattörtchen können statt mit Käse auch mit Schinken oder mit beiden Zutaten zubereitet werden.

Gebackene Maniok-und-Käse-Krapfen
Frituras de yuca y queso (Nicaragua)

1 kg Maniok
250 g fester Frischkäse
1 EL Mehl
½ TL Backpulver
1 Ei
60 ml Pflanzenöl

Den Maniok schälen und waschen. In einem Topf Salzwasser zum Kochen bringen, den Maniok hineingeben und weich garen. Pürieren und mit Salz abschmecken. Den Käse reiben, mit Mehl, Backpulver sowie dem Eigelb verrühren und unter den Maniok mischen. Das Eiweiß schlagen und vorsichtig unterheben.

In einer Pfanne das Öl erhitzen, aus der Masse Kugeln formen und von allen Seiten goldbraun braten. Herausnehmen, abtropfen lassen und auf einem Teller oder einer Platte warm servieren.

Bohnen-Käse-Wurst-Spezialität Anafre
Anafre (Honduras)

Anafre ist eine honduranische Spezialität, die besonders gern am Neujahrstag serviert wird. Ihr Name ist identisch mit dem Namen des Gefäßes aus Ton, in dem sie serviert wird.

Die Bohnen über Nacht in Wasser einweichen. Am nächsten Tag in einem Topf mit Salzwasser mit dem zerdrückten Knoblauch weich dünsten, anschließend pürieren.
In einer Pfanne Öl erhitzen und das Püree darin braten. Sobald die Bohnen knusprig sind, einen Tontopf oder ein anderes feuerfestes Gefäß auf den Herd stellen. Die Bohnen darin verteilen, den Käse, die Chorizos und den Jalapeño darüberlegen. Alles bei schwacher Hitze erwärmen, bis der Käse geschmolzen ist – darauf achten, dass die Bohnen nicht verbrennen. Im Topf als Dip servieren.
Dazu schmecken Tortillachips.

am Vortag beginnen

500 g rote oder schwarze Bohnen
1-2 Knoblauchzehen
Pflanzenöl
200 g Schmelzkäse oder Mozzarella
1-2 Chorizos (Paprikawurst)
1 Jalapeño oder 1 kleine scharfe Peperoni

◆

Suppen und Saucen
Sopas y Salsas

Suppen sind eine kulinarische Leidenschaft der Mittelamerikaner. Sie werden zu den unterschiedlichsten Anlässen serviert: als Hauptgericht, Vorspeise oder auch als Zwischenmahlzeit.
Jedes mittelamerikanische Land kennt seine »eigene« Suppenkreation. Dazu serviert werden gewöhnlich kleine oder größere Tortillas, Enchiladas oder klein geschnittene frittierte Kochbananen, mitunter auch das typische Brot der jeweiligen Region. Die Beilagen variieren je nach Bedarf oder Anlass.

◆

Kloßsuppe
Sopa de albóndigas (Honduras)

1 Tomate
1 Zwiebel
1 Knoblauchzehe
1 Korianderzweig
500 g Hackfleisch
¼ TL süßes Paprikapulver
2 Eier
Mehl
Pflanzenöl

Die Tomate vierteln, die Zwiebel würfeln. Den Knoblauch und den Koriander klein hacken. Das Fleisch mit der Zwiebel und dem Knoblauch mischen, Salz, Pfeffer und Paprikapulver dazugeben. Die Eier schlagen und unterrühren, alles gut durchmischen. Aus der Masse kleine Klößchen formen und in Mehl wälzen. In einer Pfanne Öl erhitzen und die Klößchen braten. Währenddessen in einem Topf mit leicht gesalzenem Wasser die Tomate mit dem Koriander dünsten. Sobald das Wasser kocht, die gebratenen Klößchen zugeben und die Suppe bei schwacher Hitze noch etwa 1 Minute köcheln.
Dazu schmecken Tortillas (Seite 60).

Hühnersuppeneintopf
Sancocho de gallina (Panama)

Typische Suppe der Zentralregion Los Santos in Panama – sie wird häufig zum Karneval, in der Osterwoche, zu Neujahr sowie auf Firmenfeiern serviert.

Das Huhn in mundgerechte Stücke zerteilen. Die Yamswurzel schälen und klein schneiden. Die Paprika halbieren, entkernen, waschen und würfeln. Die Zwiebel klein hacken und den Koriander mahlen.

In einem großen Topf Wasser erhitzen. Das Huhn mit Koriander, zerdrücktem Knoblauch und Pfeffer würzen und zugeben. Die Zwiebel sowie Salz hinzufügen und alles bei schwacher Hitze garen. Falls nötig, Wasser zugießen. Sobald das Fleisch weich ist, die Yamswurzel und die Paprika hinzugeben, alles weich kochen.

Währenddessen die Kochbananen schälen, in Scheiben oder längliche Streifen schneiden und frittieren oder braten.

Den Suppentopf heiß servieren und die Kochbananen als Beilage dazu reichen.

1 Suppenhuhn (1 ½ kg)
500 g Yamswurzel
3 grüne Paprika
3 rote Paprika
1 große Zwiebel
6 Korianderblätter
6 Knoblauchzehen
2 Kochbananen

Palmenfruchtsuppe
Sopa de pejibaye (Costa Rica)

Diese Suppe ist typisch costaricanisch und wird gewöhnlich auch nur dort gegessen.

*10 Früchte der
　Pejibayespalme
　oder Pfirsiche
¼ l Hühnerbrühe
3 Paprika
1 Zwiebel
1 EL Pflanzenöl
3 Knoblauchzehen*

Die Früchte waschen, schälen und entsteinen, bei mittlerer Hitze in etwa 40 Minuten weich dünsten. Dann in die Brühe geben und pürieren.
　Währenddessen die Paprika halbieren, entkernen, waschen und würfeln. Die Zwiebel hacken. In einer Pfanne das Öl erhitzen, die Zwiebel, den zerdrückten Knoblauch, die Paprika und etwas Pfeffer dünsten, bis die Zwiebel glasig ist. Danach zum Früchtetopf geben und weitere 5 bis 10 Minuten garen.
　Dazu schmecken Tortillas (Seite 60) oder Brot.

Kabeljausuppe
Sopa de bacalao (Costa Rica)

Den Kabeljau in Stücke schneiden und mit Salz einreiben. Die Paprika halbieren, entkernen, waschen und würfeln. Den Sellerie klein hacken, die Zwiebel fein würfeln.

In einem Topf mit Wasser den Kabeljau kochen.

In einem zweiten Topf Zwiebel, Paprika, Koriander, Sellerie, Knoblauch, Chayote, Möhren, Maiskolben und Schalotten dünsten. Die Kartoffeln schälen, in kleine Stücke schneiden und zugeben. Sobald das Gemüse und die Kartoffeln gar sind, die Kabeljaustücke zugeben und alles zugedeckt aufkochen.

Die Kochbananen schälen, in Scheiben oder längliche Streifen schneiden und frittieren oder braten. Als Beilage servieren.

1 kg Kabeljau
1 Paprika
1 Stange Bleichsellerie
1 Zwiebel
1 Korianderzweig
2 Knoblauchzehen
500 g Chayote
  (Stachelkürbis)
2 Möhren
3 Maiskolben
2 Schalotten
500 g Kartoffeln
2 grüne Kochbananen

Variante
Statt Kartoffeln kann auch Reis verwendet werden.

Feuerbohnensuppe
Sopa de frijoles rojos
(Karibische Regionen Mittelamerikas)

Typische Suppe in der Karibik

am Vortag beginnen

500 g Kidneybohnen
1 Knoblauchzehe
4 grüne Paprika
2 Zwiebeln
30 g Fett
4 Eier
1 EL Worcestersauce

Die Bohnen über Nacht in Wasser einweichen. Am nächsten Tag in frischem Wasser bei mittlerer Hitze kochen. Den Knoblauch und Salz hinzufügen.

Die Paprika halbieren, entkernen, waschen und fein würfeln. Die Zwiebeln klein hacken.

In einen Topf etwa 400 ml Bohnenflüssigkeit und einen Teil der Bohnen mit den Paprika, der Hälfte der Zwiebeln, Salz und Pfeffer bei schwacher Hitze etwa 10 Minuten köcheln. Den anderen Teil der Bohnen mit der Flüssigkeit pürieren.

Die restliche Zwiebel in dem Fett anbräunen, in den Topf geben und alles weiterköcheln. Zuletzt die Eier und die Worcestersauce hinzufügen. Die Eier stocken lassen.

Den Topf vom Herd nehmen, sehr heiß servieren.

Dazu schmecken Tortillas (Seite 60) oder Brot.

Anmerkung

In vielen Gegenden Süd- und Mittelamerikas wird die »Salsa inglesa«, die weltweit bekannte Worcestershiresauce oder einfach Worcestersauce, für eine würzige Verfeinerung von kräftig schmeckenden Speisen verwendet. Ihren spanischen Namen, übersetzt »Englische Sauce«, verdankt sie ihrem Ursprungsland, in deren Stadt Worcester sie seit Ende des 19. Jahrhunderts produziert wird. Vermutlich führten Reisende aus England die Sauce mit sich, sodass diese in vielen Küchen ihre Liebhaber finden konnte. Bestandteile sind unter anderem Essig, Sojasauce, Maissirup, Chili, Pfeffer, Zwiebeln, Knoblauch und Tamarinde. Worcestersauce ist keine Sauce im üblichen Sinne, sondern teilweise dickflüssig und dient als Würze oder Dip für Brot.

Schwarze Bohnensuppe
Sopa negra (Costa Rica)

Diese Bohnensuppe gehört zu den am häufigsten servierten Suppen und zählt zu den Nationalgerichten in Costa Rica.

Die Paprika halbieren, entkernen, waschen und fein würfeln. Die Zwiebel würfeln.

In einem großen Topf den Bohnensaft mit dem Koriander bei mittlerer Hitze kochen. Die Zwiebel, die Paprika, den Knoblauch und etwas Salz gut mischen, zur Suppe geben und alles etwa 10 Minuten aufkochen. Währenddessen die Eier hart kochen, abkühlen lassen, pellen, klein hacken und zugeben. Den Herd ausschalten und alles zugedeckt etwa 10 Minuten ziehen lassen.

Dazu schmecken Tortillas (Seite 60) oder Brot.

1 Paprika
1 Zwiebel
4 l Saft von gekochten schwarzen Bohnen
60 g gehackter frischer Koriander
Knoblauch nach Bedarf
2 Eier

Fischsuppe mit Maniok
Sopa de pescado con ñame (Panama)

500 g Maniok
6 Okraschoten
1 Paprika
2 Tomaten
1 Zwiebel
1 kg Adlerfisch
1 Zitrone (Saft)
4 EL Weizenmehl
Pflanzenöl
2 zerdrückte Knoblauchzehen
1 grüne Kochbanane

Den Maniok schälen, waschen und klein schneiden. Die Okraschoten putzen und in kleine Stücke schneiden. Die Paprika halbieren, entkernen, waschen und fein würfeln. Die Tomaten vierteln, die Zwiebel klein hacken.

Den Fisch säubern, mit Salz und Zitronensaft einreiben und in Mehl wälzen. In einer Pfanne Öl erhitzen und den Fisch goldbraun braten. Vom Herd nehmen und das Fett abtropfen lassen.

In eine tiefe Pfanne etwa ½ l Wasser, den Fisch, die Paprika, die Tomaten, die Zwiebel und den Maniok geben. Alles mit Salz und Pfeffer abschmecken und dünsten, bis der Maniok weich ist. Dann die Okraschoten hinzufügen und weich kochen.

Die Banane mit der Schale weich kochen, anschließend schälen und den Inhalt zerstampfen. Kugeln formen und als Beilage in die Fischsuppe geben. Heiß servieren.

Dazu schmecken kreolisches Brot oder Tortillas (Seite 60).

Frittierte Kochbananensuppe
Sopa de plátano verde (Honduras)

Die Banane schälen und in Scheiben schneiden. Die Paprika halbieren, entkernen, waschen und würfeln. Die Tomate achteln und die Zwiebel klein hacken. In einer Pfanne Öl erhitzen und die Bananenscheiben braten. Das Fett abtropfen lassen und die Scheiben zerstampfen.

Die Knochen in einen Topf mit wenig Wasser geben, Paprika, Tomate, Zwiebel und Koriander beifügen und in etwa 30 Minuten weich dünsten. Die Knochen entfernen.

In einem zweiten Topf die Bohnen weich kochen, pürieren und in die Brühe geben. Zuletzt die zerstampfte Banane hinzufügen und alles kurz aufkochen. Heiß servieren.

Dazu schmecken Tortillas (Seite 60).

1 grüne Kochbanane
1 Paprika
1 Tomate
1 Zwiebel
Pflanzenöl
500 g Hammel- oder Kalbsknochen
2 Korianderblätter
500 g Bohnen

Maiscremesuppe von jungem Mais
Sopa de crema de maíz nuevo (Panama)

Die Maiskolben durchschneiden, die Körner von den Kolben trennen und in ¼ l Wasser einweichen. Die Milch kochen, die Stärke, Salz und Pfeffer hinzufügen.

Den Mais etwa 10 Minuten im Wasserbad kochen. Eigelb und Butter hinzufügen, mit der Milch vermischen, alles kurz aufkochen und heiß servieren.

Dazu schmeckt geröstetes Toastbrot.

6 Maiskolben
1 l Milch
30 g Speisestärke
1 Eigelb
1 EL Butter

Variante
Statt der Milch kann auch ¼ l Sahne und ¼ l Wasser verwendet werden.

Gemüsesuppe
Sopa de verduras (Honduras)

250 g Hühnerfleisch
4 Kartoffeln
2 Möhren
¼ Weißkohl
120 g grüne Erbsen
1 Knoblauchzehe
1 EL weiche Butter
¼ l Hühnerbrühe
Sahne nach Bedarf

Das Fleisch zerkleinern. Das Gemüse putzen, Kartoffeln, Möhren und Kohl klein schneiden.
In einem Topf das Fett erhitzen, das Fleisch und das Gemüse mit dem zerdrückten Knoblauch anbraten. Die Brühe angießen und alles weich kochen. Mit Salz abschmecken und mit Sahne verfeinern.
Dazu schmecken Enchiladas (Seite 118) oder Brot.

Bohnensuppe mit Eiern und Bananen
Sopa de frijoles, huevos y plátanos (Honduras)

300 g Bohnen
2 Bananen
1 Zwiebel
2 Eier
2 Pfefferschoten
1 EL Worcestersauce
Käse
Sahne

In einem großen Topf die Bohnen kochen, 1 l Brühe abschöpfen.
Die Bananen in Scheiben schneiden, die Zwiebel fein würfeln. Die Eier verschlagen. Bananen und Bohnen mit der Zwiebel, den Eiern, Pfefferschoten und Worcestersauce mischen und weiterkochen, bis die Bohnen weich und die Eier gestockt sind.
Zuletzt die Suppe mit der Brühe auffüllen. Mit Käse und Sahne servieren.
Dazu schmeckt frisches Brot.

Kuttelsuppe
Mondongo (Nicaragua)

Diese Suppe gehört zu den typischsten Fleischsuppen, nicht nur in Nicaragua – sie hat sich nach und nach auch in den anderen mittelamerikanischen Ländern etabliert.
  Eine nicaraguanische Mondongo sieht folgendermaßen aus:

Die Orangen auspressen, die Schalen in große Stücke schneiden und zur Seite legen. Die Zwiebel fein würfeln, den Knoblauch klein hacken.
  Die Kutteln in Orangen- und Limettensaft mit den Orangenschalen und der Stärke mehrere Stunden einlegen. Anschließend abtropfen lassen, die Orangenschalen entfernen. Das Fleisch in kleine Stücke schneiden, die restlichen Zutaten zugeben, alles verrühren und unter ständigem Rühren die Kutteln und das Gemüse weich kochen. Mit Salz abschmecken.
  Dazu schmecken Tortillas (Seite 60) oder gebratener Käse.

Variante
Mit Reis oder Mais und verschiedenen Gemüsen zubereiten.

mindestens 3 Stunden vorher beginnen
für 10 Personen

2-3 unbehandelte Orangen
1 Zwiebel
2 Knoblauchzehen
2 kg Kutteln von Schwein oder Rind
60 ml Limetten- oder Zitronensaft
1 TL Speisestärke
4 Stücke Chilitomate
1 EL Achiotepaste

Rinderschwanzsuppe
Sopa de cola (Nicaragua)

2 große Tomaten
1 große Zwiebel
2 kg Rindfleischknochen
2 Knoblauchzehen
1 große Maniokknolle
2 große Kartoffeln
1 grüne Kochbanane
1 reife Banane
2 kleine Maiskolben
¼ Weißkohl
1 Bund Bleichsellerie
1 Minzezweig
1 Korianderzweig
1 Limette (Saft)

Die Tomaten vierteln und die Zwiebel klein hacken.

In einem großen Topf mit reichlich Wasser die Knochen mit dem zerdrückten Knoblauch, der Zwiebel, den Tomaten und etwas Salz bei mittlerer Hitze etwa 30 Minuten kochen, dabei immer wieder umrühren. Die Knochen aus dem Topf nehmen und abkühlen lassen, das Fleisch lösen, zurück in die Brühe geben und diese köcheln.

Währenddessen das restliche Gemüse putzen und klein schneiden. Mit der Minze und dem Koriander zur Fleischbrühe geben und alles bei schwacher Hitze garen, bis das Gemüse weich ist. Den Minze- und den Korianderzweig herausnehmen und alles noch einmal kurz aufkochen. Mit Limettensaft abschmecken.

Variante

Rinderschwanzsuppe mit Reis
Sopa de cola de res

250 g Reis kochen und der Suppe zugeben.

Gurkensuppe
Sopa de pepino (Guatemala)

Die Gurken klein schneiden. Die Paprika halbieren, entkernen, waschen und fein würfeln. Die Zwiebel würfeln.

In einem großen Topf das Öl erhitzen, die Gurken, die Zwiebel und die Paprika weich kochen. Die Brühe zugießen und bei schwacher Hitze 10 Minuten köcheln, dabei immer wieder umrühren.

Den Topf vom Herd nehmen und die Mischung pürieren. Noch einmal kurz aufkochen, mit Salz und Pfeffer abschmecken. Mit Joghurt verfeinern und mit Petersilie bestreuen.

Dazu schmecken Tortillas (Seite 60) oder Brot.

500 g Gurken
1 mittelgroße rote Paprika
1 mittelgroße Zwiebel
1 EL Pflanzenöl
400 ml Hühnerbrühe
60 ml fettarmer Joghurt oder saure Sahne
1 EL gehackte frische Petersilie

Karibische Suppe mit Fisch in Kokosmilch
Rondón (Nicaragua)

Die karibische Suppe Rondón war ursprünglich ein jamaikanisches Gericht und dort als »Run down« bekannt. Fisch, Banane, Maniok und Kokosmilch zeichneten den karibischen Geschmack aus.

Dieses jahrhundertealte, traditionelle Gericht, bekannt geworden durch die Stadt Bluefields an der nicaraguanischen Atlantikküste, wird meist mit Schildkrötenfleisch, Fisch, Rind oder Wildschwein zubereitet, mitunter werden auch zwei Fleischsorten verwendet.

500 g Maniok
500 g Quequisque (Malanga) oder Taro
2 Paprika
1 mittelgroße Zwiebel
1 kleine Chilischote
2 l Kokosmilch
4 Korianderblätter
½ TL gemahlene Annattosamen
1 kg Fisch
3 reife Kochbananen

Den Maniok und die Quequisque schälen und würfeln. Die Paprika halbieren, entkernen, waschen und in Streifen schneiden. Die Zwiebel in Ringe schneiden und die Chili klein hacken.

In einem Topf die Kokosmilch kochen. Maniok, Quequisque, Paprika, Zwiebel, Chili, Koriander und Annatto zugeben und weiterkochen. Wenn das Gemüse weich ist, den Fisch in die Suppe geben und gar kochen. Die Kochbananen schälen, in Scheiben schneiden und zugeben. Alles mit Salz und Pfeffer abschmecken und kurz aufkochen.

Variante

Rondón mit Schweinefleisch
Rondón con carne de cerdo

In einer Pfanne Öl erhitzen und das Fleisch anbraten.
Den Maniok und die Quequisque schälen und würfeln. Die Paprika halbieren, entkernen, waschen und in Streifen schneiden. Die Zwiebel in Ringe schneiden und die Chili klein hacken.
In einem Topf die Kokosmilch kochen. Paprika, Zwiebel, Chili, Koriander, Annatto sowie das Fleisch zugeben und weiterkochen. Wenn das Fleisch weich ist, Maniok und Quequisque in die Suppe geben und gar kochen. Die Kochbananen schälen, in Scheiben schneiden und zugeben. Alles mit Salz und Pfeffer abschmecken und kurz aufkochen.
Dazu schmecken kreolisches Brot oder Tortillas (Seite 60).

Pflanzenöl
1 kg klein geschnetzeltes Schweinefleisch
500 g Maniok
500 g Quequisque (Malanga) oder Taro
2 Paprika
1 mittelgroße Zwiebel
1 kleine Chilischote
2 l Kokosmilch
4 Korianderblätter
½ TL gemahlene Annattosamen
3 reife Kochbananen

Anmerkung
Um 1 l Kokosmilch zu erhalten, das Fleisch einer Kokosnuss raspeln, Wasser hinzufügen, die Mischung gut verrühren und durch ein Sieb gießen.

Guatemaltekische Suppenspezialität mit Hühnchen
Cack-ik (Guatemala)

Diese kräftige Hühnersuppe wird traditionell in Cobán in Zentralguatemala zu Neujahr gegessen. Das Rezept ist von den Maya überliefert, deren Nachfahren in der Region leben und viele ihrer Traditionen, einschließlich der kulinarischen, bewahren.

5 Tomaten
8 kleine grüne Tomaten
2 Zwiebeln
4 Korianderzweige
20 g Sesamsamen
20 g Kürbiskerne
1 l Hühnerbrühe (Seite 85)

Die Tomaten in Scheiben und die Zwiebeln in Ringe schneiden. Den Koriander fein hacken.

In einer Pfanne Öl erhitzen, Zwiebeln und Tomaten dünsten. Sesamsamen und Kürbiskerne rösten, mit Zwiebeln und Tomaten im Mixer pürieren. In die Brühe geben und aufkochen. Den Koriander hinzufügen und mit Salz abschmecken.

Varianten
Neben Hühnchen wird häufig Truthahnfleisch verwendet. In manchen Gegenden wird die Suppe mit Zimt verfeinert.

Hühnerbrühe
Caldo de pollo (Mittelamerika)

Diese typischste Brühe aller Länder Mittelamerikas ist bis in die kleinsten Winkel bekannt. Jede Region verwendet ihre eigenen, regionalen Zutaten.

In einem großen Topf die Hähnchenteile mit Wasser bedecken. Die Tomate würfeln, die Zwiebel in Ringe schneiden, beides mit Koriander und etwas Salz hinzufügen. Alles aufkochen und bei schwacher Hitze unter Rühren weiterköcheln, bis das Fleisch weich ist.

Den Koriander entfernen und die Brühe mit den Hähnchenteilen servieren. Nach Geschmack mit Limettensaft verfeinern.

Dazu schmecken Tortillas (Seite 60).

1 kg Hähnchenteile
  mit Knochen
1 Tomate
1 Zwiebel
2 Korianderzweige
1 Limette (Saft)

Süße Sauce
Pepián dulce (Guatemala)

Pepián ist eine dicke Sauce mit süßen und scharfen Zutaten und wird seit Jahrhunderten traditionell mit Fleisch und Gemüse verzehrt, in der Regel mit Hühnchen oder Pute, in manchen Gegenden auch mit Rinderzunge oder Schweinefleisch.

für 6 Personen

3 Paprika
6 Tomaten
2 Zwiebeln
500 g Hähnchenfleisch
1 Knoblauchzehe
1 EL Butter
1 EL gehackte Mandeln
1 EL Sesamsprossen
1 EL Kürbiskerne
1 EL Rosinen
1 zerstoßene Zimtstange oder
  1 TL gemahlener Zimt
1 süßes Brötchen
½ Baguette
3 EL Zucker
½ getrocknete Chili

Die Paprika halbieren, entkernen, waschen und fein würfeln. Die Tomaten vierteln und die Zwiebeln würfeln.

In einem großen Topf das Fleisch mit der Hälfte der Zwiebeln und dem zerdrückten Knoblauch weich kochen. Herausnehmen und den Topf mit der Brühe zur Seite stellen.

Währenddessen in einer tiefen Pfanne die Butter zerlassen, die restlichen Zwiebeln und die Tomaten andünsten. Mandeln, Sesam, Kürbiskerne, Rosinen und Zimt vermischen und unterrühren. Wasser angießen, bis alle Zutaten bedeckt sind.

In einer Pfanne das süße Brötchen und das Baguette leicht anbräunen, klein würfeln und der Mandelmischung beifügen, alles vermischen.

Das Fleisch und die Paprika in einem Mixer verrühren. In die Brühe geben, erwärmen, mit Salz und Zucker abschmecken. Wenn die Brühe heiß ist, die Gewürzmischung und die Chili hinzufügen, weitere 10 Minuten kochen.

Dazu schmecken kleine Tamales (Seite 50).

Sauce aus geröstetem Mais
Salsa de pinol (Honduras)

Die Paprika entkernen, waschen und würfeln.
Die Tomaten vierteln und die Zwiebel würfeln.
Die Backpflaume klein hacken. Alles mit dem Mais, den Lorbeerblättern und dem zerdrückten Knoblauch mischen. In einen Topf geben und bei schwacher Hitze unter ständigem Rühren weich dünsten. Wenn die Masse angedickt ist, mit Salz und Pfeffer abschmecken.
    Die Sauce zu Geflügel, Krabben oder Meeresfrüchten servieren.

½ Paprika
2 Tomaten
1 Zwiebel
½ Backpflaume
125 g gerösteter Mais
2 Lorbeerblätter
2 Knoblauchzehen

Salvadorianischer Tomatendip
Chirmol salvadoreño (El Salvador)

Tomaten, Zwiebel und Radieschen fein würfeln, mit dem Koriander vermischen und pürieren. Mit Limettensaft und Salz abschmecken.
    Den Dip zu Fleisch oder gebratenem Geflügel servieren.
    Dazu schmecken Tortillas (Seite 60) oder frisches Brot.

10 Tomaten
1 Zwiebel
4 Radieschen
4 TL gehackter frischer Koriander
Limettensaft

◆

Gemüse und Salate
Verduras y Ensaladas

◆

Avocadocreme
Guacamole (Süd- und Mittelamerika)

Eine der bekanntesten und überall in Süd- und Mittelamerika zubereiteten Vorspeisen ist die Guacamole. Sie schmeckt als Dip oder Brotaufstrich.

4 große Avocados
1 Zwiebel
2 Eier
3 Knoblauchzehen
2 EL Olivenöl
1 Limone (Saft)
geriebener Käse oder Parmesan

Die Avocados halbieren, den Stiel abschneiden und das Fleisch aus der Schale lösen. Die Zwiebel klein hacken. Die Eier hart kochen, abkühlen lassen, pellen und klein hacken.

Das Avocadofleisch, die Zwiebel und den zerdrückten Knoblauch vermischen und pürieren. Öl, Limonensaft, Salz und Pfeffer nach Geschmack einrühren und untermischen. Die Eier mit dem Käse verrühren, zugeben und alles cremig rühren. Die Creme im Kühlschrank abkühlen lassen und kalt servieren.

Dazu schmecken Mais, Enchiladas (Seite 118), Tortillas (Seite 60) oder Brot.

Salat in Marinade
Ensalada en escabeche (Guatemala)

Bohnen und Erbsen putzen, Blumenkohl, Brokkoli und Möhren putzen und klein schneiden. In einem Topf mit etwas Salzwasser dünsten. Wenn die Gemüse halb gar sind, leicht abkühlen lassen.
Währenddessen die Paprika halbieren, entkernen, waschen und fein würfeln. Die Zwiebeln klein hacken.
In einer großen Pfanne Öl erhitzen, die Zwiebeln, den zerdrückten Knoblauch und die Paprika leicht anbraten. Den Thymian und die Lorbeerblätter hinzufügen, alles weich dünsten. Das gedünstete Gemüse zugeben, mit Essig abschmecken und alles in bis zu 2 Tassen leicht gesalzenem Wasser bei schwacher Hitze etwa 10 Minuten köcheln, dabei immer wieder mit Essig und Salz abschmecken. Beim Abkühlen darauf achten, dass der Salat nicht braun wird.
Dazu schmecken Tortillas (Seite 60) oder Fladenbrot.

mindestens 2 Stunden vorher beginnen
für 15 Personen

1 kg grüne Bohnen
1 kg Erbsen
2 Blumenkohlköpfe
2 Brokkoli
10 Möhren
10 kleine Paprika
1 kg Zwiebeln
Pflanzenöl
20 Knoblauchzehen
1 Thymianzweig
5 Lorbeerblätter
etwas Essig

Salvadorianischer Krautsalat
Curtido (El Salvador)

In Mittelamerika sind Krautsalate typische, häufig verwendete Beilagen zu Fleischgerichten. Während die Salvadorianer Curtido als Beilage zum Nationalgericht Pupusa essen, bevorzugen die Nicaraguaner ihren Ensalada de repollo.

mindestens einige Stunden vorher beginnen
für 4-6 Personen

½ mittelgroßer Weißkohl
1 Möhre
3 Zwiebeln oder Schalotten
1 Jalapeño oder 1 kleine scharfe Peperoni
60 ml Weinessig

Den Kohl klein schneiden, die Möhre schälen und reiben. Die Zwiebeln und die Jalapeño klein schneiden.

In einem großen, feuerfesten Gefäß Kohl und Möhre vermischen. Mit kochendem Wasser übergießen und zugedeckt etwa 5 Minuten ruhen lassen. Die Flüssigkeit durch ein Sieb ausdrücken, die Mischung mit Zwiebeln, Jalapeño und Essig verrühren und einige Stunden ruhen lassen.

Schmeckt zu vielen Fleischgerichten oder mit Brot.

Nicaraguanischer Krautsalat
Ensalada de repollo (Nicaragua)

Den Kohl klein schneiden. Die Tomaten würfeln, die Möhre schälen und reiben, die Zwiebeln klein schneiden.
In einem großen, feuerfesten Gefäß Kohl, Tomaten und Möhre vermischen. Mit kochendem Wasser übergießen und zugedeckt etwa 5 Minuten ruhen lassen. Die Flüssigkeit durch ein Sieb ausdrücken, die Mischung mit Zwiebeln, Paprikapulver, Zucker, Essig und etwas Öl verrühren und einige Stunden ruhen lassen.
Schmeckt zu vielen Fleischgerichten oder mit Brot.

½ mittelgroßer Weißkohl
2 mittlere Tomaten
1 Möhre
3 Zwiebeln oder Schalotten
½-1 TL Paprikapulver
1 Prise Zucker
60 ml Ananasessig
Öl

Belizianische Tortillas
Garnachas beliceñas (Belize)

½ l Erdnussöl
10 Tortillas (Seite 60)
300 g Rotkohl
2 Möhren
2 EL Wein- oder Apfelessig
1 Dose (200 g) rote Bohnen
125 g Dressing
100 g Frischkäse
3 EL geriebener Käse

In einer großen Pfanne Öl erhitzen und die Tortillas goldgelb anbraten. Herausnehmen und auf Backpapier legen. Den Kohl klein schneiden, die Möhren raspeln und beides mit dem Essig vermischen.

In einem flachen Topf die Bohnen mit dem Dressing bei schwacher Hitze etwa 10 Minuten köcheln, dabei immer wieder umrühren. Den Frischkäse würfeln, hinzufügen und zum Schmelzen bringen. Die Mischung auf die Tortillas verteilen, die Kohl-und-Möhren-Mischung daraufgeben und alles mit dem geriebenen Käse bestreuen.

Dazu schmecken gebratene Kochbananen (Seite 62).

Reis und Bohnen nach belizianischer Art
Arroz y frijoles – Rice and Beans (Belize)

am Vortag beginnen

250 g Bohnen
1 kleine Zwiebel
1 EL Pflanzenöl
1 Knoblauchzehe
1 TL gemahlener Thymian
¼ l Kokosmilch
500 g weißer Reis

Die Bohnen über Nacht in Wasser einweichen.

Am nächsten Tag die Zwiebel klein hacken. In einem Topf mit wenig Wasser und dem Öl die Zwiebel mit dem zerdrückten Knoblauch, dem Thymian, 1 TL Salz und 1 TL Pfeffer aufkochen. Den Topf vom Herd nehmen.

In einem zweiten Topf Wasser zum Kochen bringen, die Bohnen hinzufügen und zugedeckt weich garen. die Gewürzmischung, die Kokosmilch und den Reis zu den Bohnen geben und alles kochen, bis der Reis bissfest ist.

Dazu schmecken Tortillas (Seite 60) oder Brot.

Hackfleisch mit Stachelkürbis und Mais
Picadillo de chayote con elote (Costa Rica)

Die Chayoten schälen und klein hacken. Die Zwiebel fein würfeln.
In einer tiefen Pfanne das Öl erhitzen, Zwiebel und Annatto andünsten. Das Hackfleisch dazugeben und anbraten, den Mais hinzufügen und umrühren. Die Pfanne vom Herd nehmen und abkühlen lassen.
Die Chayoten, Milch, Kümmel, Zucker, Salz und Pfeffer zugeben und alles unter ständigem Rühren weiterkochen. Wenn der Kürbis weich ist, das Gericht in eine Schüssel füllen und warm servieren.
Dazu schmecken Tortillas (Seite 60).

4 Chayoten (Stachelkürbisse)
1 mittelgroße Zwiebel
2 EL Pflanzenöl
¼ TL gemahlene Annattosamen
125 g Hackfleisch
5 Maiskolben (Körner)
¼ l Milch
Kümmel
1 TL Zucker

Gefüllte Paprika in Tomatensauce
Chiles rellenos en salsa de tomate
(Guatemala)

für 12 Personen

12 mittlere Paprika
10 Tomaten
1 Zwiebel
70 g Semmelbrösel
1 Ei
750 g Hackfleisch vom Rind
2 Knoblauchzehen
1 TL Pflanzenöl

Den oberen Teil der Paprika abschneiden und die Paprika entkernen. Drei klein geschnittene Tomaten, eine gewürfelte halbe Zwiebel, Semmelbrösel und das Ei vermischen. Die Paprika mit 1 TL Salz und ¼ TL Pfeffer, dem Fleisch und der Mischung füllen.

In einem Topf die restlichen Tomaten mit Wasser bedecken und kochen, 1 TL Salz hinzufügen. Die restliche Zwiebel würfeln und mit dem zerdrückten Knoblauch pürieren. In einer Pfanne das Öl erhitzen, das Püree braten und zur Tomatensauce geben. Die Paprika in den Topf mit der Sauce geben und zugedeckt 20 Minuten dünsten.

Dazu schmecken Kartoffeln oder Reis.

Reis mit frischen Bohnen
Arroz con guandúes (Panama)

Die Bohnen waschen.

In einem Topf Fett erhitzen und die Bohnen leicht anbraten, Wasser angießen, mit Salz abschmecken und die Bohnen weich kochen.

In einer Pfanne Fett erhitzen und den Reis anbraten. Zu den Bohnen geben, durchmischen und alles bei schwacher Hitze weiterkochen, bis der Reis bissfest ist.

Dazu schmecken Hühnchen, Tortillas (Seite 60) oder Brot.

150 g Strauchbohnen
2 EL Fett
250 g Reis

Variante
Statt in Wasser kann man die Bohnen auch in Kokosmilch kochen.

Gemüse-Reis-Platte
Guacho (Panama)

Den Reis über Nacht in Wasser einweichen.

Am nächsten Tag mit den Bohnen und dem Fleisch weich kochen. Eine Tomate vierteln und eine Zwiebel klein hacken. Beides zugeben, pfeffern und das Öl unterrühren.

Aus den restlichen Tomaten, der zweiten Zwiebel, dem zerdrückten Knoblauch und etwas Pfeffer eine Sauce zubereiten.

Den Gemüsereis auf einer Platte servieren, die Sauce bei Bedarf darübergießen.

am Vortag beginnen

250 g Reis
250 g frische Bohnen oder Straucherbsen
500 g Schweinerippchen oder Hühnerbrust
4 Tomaten
2 Zwiebeln
1 EL Pflanzenöl
3 Knoblauchzehen

Reis mit Kokos und frischen Erbsen
Arroz con coco y guando (Panama)

Ein beliebtes Weihnachtsgericht

1 Kokosnuss (Kokosmilch und -wasser)
60 ml Pflanzenöl
250 g grüne Erbsen
5 Knoblauchzehen
5 g Korianderblätter
500 g Reis
1 rote Paprika
Kokosraspeln

In einem Topf die Kokosmilch bei schwacher Hitze wärmen – sie darf nicht gerinnen.

In einer Pfanne das Öl erhitzen und die Erbsen leicht anbraten. Sobald sie weich werden, Kokoswasser, den zerdrückten Knoblauch, Koriander und etwas Salz hinzufügen. Wenn alles kocht, die Pfanne vom Herd nehmen.

Den Reis in der Kokosmilch kochen. Die Paprika halbieren, entkernen, waschen und fein würfeln. Wenn der Reis zu quellen beginnt, Erbsen, Paprika sowie Kokosraspeln hinzufügen und alles unter ständigem Rühren weich kochen. Sobald das Wasser verdampft ist, den Topf vom Herd nehmen.

Dazu schmecken Tortillas (Seite 60).

Paprikawurst mit Gemüse
Chorizo con vegetales (Panama)

500 g Chorizo (Paprikawurst)
250 g Maniok
1 Ñampí, Tarowurzel oder Bleichsellerie
1 Möhre
1 Paprika
1 Chayote (Stachelkürbis)
1 Süßkartoffel
125 g Brechbohnen
1 Zwiebel
2 Knoblauchzehen
2 EL Butter

Die Chorizo pellen und klein schneiden. Das Gemüse putzen und zerkleinern, die Zwiebel und den Knoblauch fein hacken.

In einer Pfanne die Butter zerlassen und das Gemüse etwa 5 Minuten anbraten. Die Chorizo hinzufügen, wenig Wasser angießen, sodass die Zutaten leicht bedeckt sind, mit Salz und Pfeffer abschmecken. Alles kochen, bis das Gemüse weich ist.

Dazu schmeckt Brot.

Gemüseeintopf mit gehacktem Schmorfleisch
Carne picada con verduras (El Salvador)

Die Kartoffeln schälen, kochen und vierteln. Die Möhre dünsten und vierteln. Die Tomate vierteln, die Zwiebel klein hacken.

In einem Topf das Fleisch mit Salz, einer Messerspitze zerdrücktem Knoblauch, einem Teil der Zwiebel und der Tomate leicht mit Wasser bedecken und erhitzen. Sobald das Fleisch weich ist, etwas Brühe abschöpfen und zur Seite stellen. Das Fleisch kurz abkühlen lassen und fein hacken.

In einer Pfanne das Öl erhitzen und den restlichen zerdrückten Knoblauch anbraten. Die restliche Zwiebel und Tomate unterrühren, mit Salz und Pfeffer abschmecken, etwa 3 Minuten garen. Möhre, Bohnen, Erbsen und Kartoffeln zugeben, weiterkochen. Wenig später das Fleisch, die Brühe und das Lorbeerblatt hinzufügen, alles gut umrühren und weitere 5 Minuten kochen.

Dazu schmeckt Brot.

2 große Kartoffeln
1 Möhre
1 Tomate
1 Zwiebel
1 kg Schmorfleisch
2 Knoblauchzehen
1 EL Pflanzenöl
60 g gekochte Bohnen
60 g gekochte Erbsen
60 ml Fleischbrühe
1 Lorbeerblatt

am Vortag beginnen

125 g Maismehl
½ EL gemahlene Annattosamen
Pflanzenöl
60 g geriebener Käse oder Parmesan
30 ml Sahne

für den Belag:
125 g Bohnen
60 g Kartoffeln
60 g Möhren

für die Sauce:
5 Tomaten
1 Zwiebel

Bohnenenchiladas
Enchiladas de frijoles (Mittelamerika)

Für den Belag die Bohnen über Nacht in Wasser einweichen.
Am nächsten Tag in frischem Wasser kochen.
Die Kartoffeln schälen, kochen und klein hacken, die Möhren kochen und reiben. In einer Schüssel alles gut vermischen.
Für die Sauce die Tomaten vierteln und die Zwiebel klein hacken. Beides in wenig Wasser mit etwas Salz und Pfeffer unter Rühren aufkochen.
Den Mais mit dem Annatto gut mischen, löffelweise wenig Wasser zugeben, bis der Teig eine feste, aber nicht zu trockene Konsistenz hat, und flache runde Fladen formen. Öl erhitzen und die Fladen goldbraun braten.
Die Fladen mit der Gemüsemischung belegen, mit dem Käse bestreuen, mit Sahne und der Tomatensauce übergießen.

Omelett mit grünen Bohnen
Barbudos (Costa Rica)

In einem Topf mit leicht gesalzenem, kochendem Wasser die Bohnen bei mittlerer Hitze etwa 5 Minuten kochen. Sobald sie bissfest sind, abgießen, abtropfen lassen und in eine Schüssel geben.

250 g geschälte grüne Bohnen
2 Eier
1 TL Mehl
2 TL Pflanzenöl

    Die Eier trennen, die Eiweiße steif schlagen. Eigelbe, Mehl und etwas Salz kräftig verrühren, den Eischnee zugeben und alles gut mischen.

    In einer Pfanne das Öl erhitzen, eine Handvoll Bohnen in die Eimischung tauchen und in die Pfanne geben. Nach und nach die Bohnen schichtweise daraufgeben und braten, bis sie eine leicht bräunliche Farbe annehmen. Wenn sie von allen Seiten braun sind, die Pfanne vom Herd nehmen und die Bohnen abtropfen lassen.

    Dazu schmecken Reis und frittierte oder gebratene Kochbananen.

Fleisch und Geflügel
Carnes y Pollo

In den Küchen der meisten mittelamerikanischen Länder spielen Schweine-, Rind- und Hühnerfleisch eine nicht unerhebliche Rolle. Bei kaum einem Hauptgericht oder auch einem Snack fehlt Fleisch, gebraten oder gekocht.

»Alte Klamotten« – Fleischeintopf
Ropa vieja (Belize)

Das Fleisch wird zerfasert gekocht, und weil man dabei an zerschlissene Kleider dachte, erhielt das Gericht seinen Namen. Mitunter wird es auch aus Resten verschiedener Gerichte zusammengestellt und unter dem gleichen Namen auf den Tisch gebracht.

2 Hähnchenschenkel
300 g Tomaten
1 Zwiebel
6 EL Olivenöl
300 g Kichererbsen
1 TL Oregano
1 TL gemahlener Thymian

Das Fleisch zerfasern. Die Tomaten vierteln und die Zwiebel klein schneiden.

In einer Pfanne das Öl erhitzen und die Zwiebel leicht anrösten, die Tomaten zugeben und dünsten. Die Kichererbsen und das Fleisch untermischen und alles bei schwacher Hitze braten, bis sich die Kichererbsen leicht bräunen. Die Kräuter zufügen und alles bei schwacher Hitze in 5 Minuten fertig kochen.

»Alter Indio«
Indio viejo (Nicaragua)

Das Rindfleischgericht wird traditionell in der Semana Santa, der Karwoche vor Ostern, gekocht und gegessen.

Die Paprika halbieren, entkernen, waschen und fein würfeln. Die Tomaten vierteln und die Zwiebeln klein hacken.

In einem Topf mit 2 l Wasser das Fleisch mit dem zerdrückten Knoblauch, Salz, der Hälfte der Zwiebeln und der Hälfte der Paprika weich garen. Den Topf vom Herd nehmen, abkühlen lassen und das Fleisch zerkleinern.

In einem Topf Butter zerlassen, die restlichen Zwiebeln und Paprika, Tomaten und Minze anbraten. Das Fleisch dazugeben und alles dünsten, mit Annatto und Pfeffer abschmecken. Die Tortillas in den Topf legen und alles weitere 15 Minuten kochen. Mit dem Limonensaft abschmecken.

Heiß servieren.

für 6 Personen

2 große grüne Paprika
3 mittelgroße Tomaten
2 mittelgroße Zwiebeln
1 ½ kg Rindfleisch am Stück
6 Knoblauchzehen
125 g Butter
1 Minzezweig
½ EL gemahlene Annattosamen
6 Tortillas (Seite 60)
¼ l Limonen- oder Orangensaft

»Verheiratet« –
Gemischtes Eintopfgericht
Casado (Costa Rica)

Casado ist ein typisch costaricanisches Gericht. Die Hauptzutaten sind Reis, schwarze Bohnen, Kochbananen, Salat, Tortillas, Kräuter, Gewürze und, je nach Bedarf, auch Huhn, Rind oder Schwein. Um den Namen dieser Mahlzeit ranken sich viele Geschichten und Anekdoten, etwa diese: Verheiratete Männer bekommen jeden Mittag denselben warmen Eintopf von ihren Frauen serviert …

am Vortag beginnen

125 g schwarze Bohnen
250 g Reis
1 milde Paprika
1 Stange Bleichsellerie
1 Tomate
3 Zwiebeln
1 Knoblauchzehe
1 Korianderzweig
Pflanzenöl
Gemüsebrühe
1 Scheibe Rinder- oder Schweinesteak oder Filet vom Huhn

Die Bohnen über Nacht in Wasser einweichen.

Am nächsten Tag in frischem Wasser weich garen. In einem zweiten Topf den Reis kochen. Die Paprika halbieren, entkernen, waschen und fein würfeln. Den Sellerie hacken, die Tomate vierteln. Die Zwiebeln grob, den Knoblauch und den Koriander fein hacken.

In einem Topf Öl erhitzen, die Zwiebeln und den Knoblauch dünsten. Etwas Brühe aufgießen, Sellerie, Tomate und Paprika zugeben und weiterdünsten. Währenddessen in einer Pfanne Öl erhitzen, das Fleisch anbraten und in Stücke schneiden.

Den Reis mit den Bohnen und dem Gemüse vermischen und auf einem Teller anrichten, das Fleisch obenauf legen und mit Koriander garnieren.

Dazu schmecken gebratene Kochbananen (Seite 62) oder Tortillas (Seite 60).

Carnes y Pollo

»Fasern« – Rinderfilet in Gemüse
Hilachas (Guatemala)

Die Paprika halbieren, entkernen, waschen und fein würfeln. Die Tomaten vierteln und die Zwiebeln klein hacken. Den Koriander hacken. In einem Topf Salzwasser und Fleisch zum Kochen bringen und bei schwacher Hitze zugedeckt etwa anderthalb Stunden köcheln, bis das Fleisch zart ist. Das Fleisch von der Brühe trennen, abkühlen lassen und klein reißen. Einen Teil der Zwiebeln, die Tomaten und die Paprika sowie den zerdrückten Knoblauch pürieren. Falls nötig, etwas Wasser zugießen.

In einer großen Pfanne Öl erhitzen und das Püree bei mittlerer Hitze etwa 10 Minuten erwärmen, sodass es eine leicht dunkle Farbe annimmt – es darf nicht anbrennen. Das Fleisch und ¼ l Brühe hinzufügen und alles bei schwacher Hitze etwa 15 Minuten köcheln. Die Kartoffeln und die Möhre würfeln, mit den restlichen Zwiebeln und etwas Brühe hinzufügen und alles bei schwacher Hitze etwa 20 Minuten garen, bis das Gemüse weich ist.

Semmelbrösel unterrühren, um die Sauce einzudicken. Den Koriander einstreuen, mit Salz und Pfeffer abschmecken. Heiß servieren. Dazu schmecken Tortillas (Seite 60) oder Reis.

2 Paprika
4 Tomaten
3 Zwiebeln
1 Korianderzweig
500 g Rinderfilet
1 Knoblauchknolle
Pflanzenöl
3 Kartoffeln
1 Möhre
Semmelbrösel oder Brotkrumen

Gebratenes Rindfleisch I
Carne desmenuzada (Nicaragua)

Pflanzenöl
1 kg Rindfleisch
2 rote Paprika
1 Tomate
1 große Zwiebel
2 EL Orangensaft

In einem Topf Öl erhitzen und das Fleisch bei mittlerer Hitze dünsten, leicht salzen und etwas Wasser zugießen. Währenddessen die Paprika halbieren, entkernen, waschen und fein würfeln. Die Tomate und die Zwiebel klein schneiden.

In einer Pfanne Öl erhitzen, Zwiebel, Paprika und Tomate andünsten. Alles zum Fleisch geben und braten, bis das Fleisch weich ist.

Das Fleisch herausnehmen und abkühlen lassen, würfeln und leicht fasern. Zurück in den Topf geben und alles bei etwas stärkerer Hitze braten, dabei immer wieder umrühren. Den Orangensaft zugießen, mit Salz und Pfeffer abschmecken. Wenn das Fleisch knusprig ist, den Topf vom Herd nehmen und heiß servieren.

Dazu schmecken Tortillas (Seite 60).

Anmerkung
Den Rest der Brühe für eine beliebige Suppe verwenden.

»Vernebeltes Fleisch« – Pökelfleisch, gedünstet in Bananenblättern
Carne en vaho (Nicaragua)

In Nicaragua isst man gern gedünstetes Fleisch, dessen besonderer Geschmack sich durch das Marinieren ergibt.

Das Fleisch in Stücke schneiden und mit 4 EL Salz einreiben. Die Paprika halbieren, entkernen, waschen und würfeln. Die Tomaten in Scheiben und die Zwiebeln in Ringe schneiden. Alles mit zerdrücktem Knoblauch und Orangensaft mischen. Die Mischung in Bananenblätter einwickeln und über Nacht kalt stellen.

Am nächsten Tag den Maniok schälen, waschen und in Stücke schneiden. Die Bananen schälen. Einen Topf etwa 10 cm hoch mit Wasser füllen und gitterförmig Holzstäbchen (Schaschlikstäbchen) hineinlegen. Bananenblätter darauflegen und die Bananen, das eingewickelte Fleisch und den Maniok daraufschichten. Mit etwas Salz bestreuen, mit Bananenblättern belegen und zugedeckt etwa vier Stunden garen – es soll kein Dampf entweichen.

Vor dem Servieren mit Zitronenscheiben garnieren.

am Vortag beginnen

2 ½ kg Pökelfleisch
2 grüne Paprika
3 große Tomaten
3 große Zwiebeln
1 Knoblauchknolle
4 Orangen (Saft) oder
*   1 l Orangensaft*
Bananenblätter oder Alufolie
3 große Maniokknollen
4 grüne Kochbananen
4 reife gelbe Bananen
1 Zitrone

Maisauflauf mit Fleisch
Masa de cazuela (Nicaragua)

für 6-8 Personen

2 grüne Paprika
2 Zwiebeln
3 saure Orangen (Saft)
1 kg Rindfleisch
2 Knoblauchzehen
4 mittelgroße Tomaten
500 g Maismehl
¼ TL gemahlene Annattosamen
Pflanzenöl

Die Paprika halbieren, entkernen, waschen und fein würfeln. Eine Zwiebel vierteln. In einem Topf mit Orangensaft das Fleisch mit der geviertelten Zwiebel, den Paprika und einer zerdrückten Knoblauchzehe weich dünsten. Den Topf vom Herd nehmen, das Fleisch von der Brühe trennen und abkühlen lassen.

Währenddessen die Tomaten vierteln und die zweite Zwiebel hacken. Das Mehl mit der Brühe zu einer festen Masse kneten. Die Tomaten, die gehackte Zwiebel, eine zerdrückte Knoblauchzehe und Annatto untermischen.

In einer Pfanne Öl erhitzen, das Fleisch und die Maismischung hineingeben. Mit wenig Orangensaft übergießen und bei schwacher Hitze unter Rühren in etwa 15 Minuten fertig köcheln.

Dazu schmecken Tortillas (Seite 60) und gebratene Kochbananen (Seite 62).

Rinderrollbraten mit Reis auf guatemaltekische Art
Carne en jocón con arroz guatemalteco
(Guatemala)

Das Fleisch waschen, mit Salz und Pfeffer würzen. Die Tomaten würfeln und die Tomatillos klein hacken. Die Möhren klein schneiden und die Zwiebeln klein hacken.

In einem großen Schmortopf das Öl erhitzen, Knoblauch, Zwiebeln und Möhren bei mittlerer Hitze leicht anbräunen, dabei immer wieder umrühren. Das Gemüse mit einem Schöpflöffel aus dem Topf nehmen und in einer Schüssel zur Seite stellen. Das Fleisch in den Topf geben und von allen Seiten scharf anbraten, regelmäßig wenden. Chili sowie Oregano hinzufügen und alles weitere 2 Minuten braten. Das zur Seite gestellte Gemüse, die Tomaten und Tomatillos in den Topf geben, mit Wasser bedecken. Alles zum Kochen bringen und bei schwacher Hitze zugedeckt etwa anderthalb Stunden schmoren, bis das Fleisch weich ist. Falls nötig, immer wieder Wasser zugießen.

Währenddessen den Reis zubereiten: In einer großen Pfanne das Öl erhitzen und Reis, zerdrückten Knoblauch, Sellerie und Paprika kurz andünsten, bis der Reis glasig wird. Die Tomate hinzufügen und alles mit Wasser bedecken. Zum Kochen bringen und den Reis bei schwacher Hitze in etwa 20 Minuten bissfest köcheln. Die Erbsen einstreuen und alles weitere 5 Minuten köcheln.

Wenn das Fleisch weich und zart ist, es auf einem Servierteller 10 Minuten ruhen lassen. In dicke Scheiben schneiden, den Reis dazugeben, mit Koriander bestreuen und mit dem Sud übergießen.

mindestens 2 Stunden vorher beginnen
für 6 Personen

1 ½ kg Rinderrollbraten
500 g Tomaten
500 g Tomatillos oder
  getrocknete Tomaten
500 g Möhren
2 Zwiebeln
4 EL Pflanzenöl
4 Knoblauchzehen
2 Chilischoten
1 TL Oregano
1 EL gehackter frischer
  Koriander

für den Reis:
4 EL Pflanzenöl
500 g Langkorn- oder
  Basmatireis
2 Knoblauchzehen
2 EL gewürfelter Sellerie
1 EL gehackte grüne Paprika
2 EL gewürfelte Tomate
50 g Erbsen

Gebratenes Rindfleisch II
Salpicón (Nicaragua)

für 6 Personen

500 g Rindfleisch
1 Knoblauchzehe
1 grüne Paprika
1 Stange Bleichsellerie
250 g milde Zwiebeln
Pflanzenöl
3 Zitronen (Saft)

Das Fleisch in vier Stücke schneiden, zerdrückten Knoblauch darübergeben und 30 Minuten zur Seite stellen. Anschließend in einem Topf mit wenig Wasser weich dünsten, mit Salz und Pfeffer würzen, vom Herd nehmen und kalt stellen. Währenddessen die Paprika halbieren, entkernen, waschen und fein würfeln. Den Sellerie klein schneiden und die Zwiebeln würfeln. Das abgekühlte Fleisch in einem Fleischwolf zu Gehacktem verarbeiten. Paprika, Zwiebeln und Sellerie untermischen.

In einer Pfanne Öl erhitzen und die Mischung etwa 10 Minuten braten, mit Zitronensaft abschmecken.

Dazu schmecken Reis oder Tortillas (Seite 60) und gebratene Kochbananen (Seite 62).

Fleischgericht mit scharfer Sauce
Pulique (Guatemala)

Pulique ist ein typisches Gericht aus dem Hochland Guatemalas.

Die Tomaten vierteln, die Zwiebel würfeln. In einem großen Topf mit wenig Wasser das Fleisch mit der Zwiebel, zerdrücktem Knoblauch und den Tomaten weich dünsten. Abkühlen lassen und das Fleisch in Scheiben schneiden.
 Währenddessen die Sauce zubereiten: Die Paprika halbieren, entkernen, waschen und fein würfeln. Die Tomaten vierteln und die Zwiebel klein hacken. In einer tiefen Pfanne das Öl erhitzen, die Zwiebel, zerdrückten Knoblauch, Tomaten und eingelegte Tomaten anbraten. Die Paprika, Maiskörner und Chilis zugeben, etwas Wasser angießen und alles bei schwacher Hitze weitergaren. Die Brühe mit Mehl, Sesam und Annatto vermischen und zugeben, alles bei schwacher Hitze weitere 10 Minuten köcheln. Die Bohnen separat kochen.
 Das Fleisch, die Bohnen, Koriander und Basilikum in die Sauce geben. Noch einmal kurz aufkochen, mit Salz und Pfeffer abschmecken. Dazu schmecken Tortillas (Seite 60).

für 8 Personen

3 Tomaten
1 Zwiebel
1 kg Rinder- oder
 Schweinefilet oder
 Hühnchenfleisch
2 Knoblauchzehen

für die Sauce:
1 Paprika
8 Tomaten
1 Zwiebel
30 ml Olivenöl
3 Knoblauchzehen
6 eingelegte Tomaten
1 EL Maiskörner
1-2 Guaque (guatemaltekische Chilischoten)
 oder Peperoni
½ l Rinderbrühe
2 EL Maismehl
1 EL Sesam
gemahlene Annattosamen
500 g grüne Bohnen
gehackter frischer Koriander
Basilikum

Maniok mit Schweineschwarten
Yuca con chicharronnes (El Salvador)

1 große Maniokknolle
gebratene Schweineschwarten
(Seite 119)

Den Maniok schälen, waschen und in vier Stücke teilen. In einem Topf Salzwasser zum Kochen bringen, den Maniok hineingeben und bei schwacher Hitze weich kochen. Herausnehmen und in einem Sieb abtropfen lassen, überflüssige Sehnen entfernen.

Mit den Schweineschwarten servieren.

Dazu schmecken Curtido (Seite 92) und eine Tomatensauce.

Varianten
Der Maniok kann auch gebraten werden. Die Schweineschwarten durch Rippchen ersetzen.

Gefüllte Manioktaschen
Carimañolas (Panama)

In Panama, einem Land mit einer vielfältigen internationalen Küche, werden dennoch Gerichte, die vorwiegend aus einheimischen Zutaten bestehen, bevorzugt verzehrt. Carimañolas nehmen dabei auf dem Speiseplan der panamaischen Bevölkerung einen bedeutenden Rang ein. Sie haben eine längliche Pastetenform und werden gern zum Frühstück gegessen.

Den Maniok schälen, waschen und in Stücke teilen. In einem Topf Salzwasser zum Kochen bringen, den Maniok hineingeben und bei schwacher Hitze weich kochen. Herausnehmen, kneten und zu einer Pastete formen.

Für die Füllung das Fleisch mit Salz und Pfeffer würzen. Die Zwiebel und den Knoblauch hacken, beides mit dem Koriander vermischen. Etwas Öl mit Achiote vermischen, hinzufügen und alles verrühren.

In einer Pfanne Öl erhitzen und das Fleisch braten. Damit es nicht austrocknet, die Gewürzmischung zugeben und weiterbraten. Währenddessen die Eier hart kochen, abkühlen lassen, pellen und klein hacken.

Das Fleisch vom Herd nehmen und die Eier hinzufügen. Die Maniokpastete glatt drücken, das Fleisch in die Mitte legen, längliche Pastetchen formen und diese an den Rändern zudrücken. Reichlich Öl erhitzen und die Manioktaschen von beiden Seiten goldgelb braten.

Vor dem Servieren mit Petersilie bestreuen.

Dazu schmecken gebratene Kochbananen (Seite 62) oder Tortillas (Seite 60).

1 ½ kg Maniok
Pflanzenöl
1 TL gehackte Petersilie

für die Füllung:
500 g Hackfleisch von
  Schwein oder Rind
1 mittelgroße Zwiebel
3 Knoblauchzehen
5 Korianderblätter
Achiotepaste oder
  leicht angebratene
  Annattosamen
3 Eier

Gebratene Schweineschwarten mit Weißkohl und Maniok
Vigorón (Nicaragua)

Das vermutlich aus Granada, der ältesten Stadt Nicaraguas, stammende Fleischgericht hat sich seit der spanischen Kolonialzeit zu einem unentbehrlichen Imbiss entwickelt. Vigorón zählt in Nicaragua neben dem Gallo pinto zu den am häufigsten verzehrten Gerichten. Auch in den anderen Ländern des Kontinents hat Vigorón seit vielen Jahren seinen Platz erobert.

für 6 Personen

1 kg Maniok
500 g Weißkohl
3-4 Tomaten
1 kg gebratene Schweineschwarten (Seite 119)
2 Knoblauchzehen
Essig

Den Maniok schälen, waschen und in gleichmäßige Stücke teilen. In einem Topf Salzwasser zum Kochen bringen, den Maniok hineingeben und bei schwacher Hitze weich kochen. Herausnehmen und abkühlen lassen.

Währenddessen den Kohl klein schneiden und die Tomaten vierteln. Einen Teil der Maniokstücke auf einem Teller verteilen und die Schwarten darauflegen. Den Kohl, die Tomaten und den zerdrückten Knoblauch hinzufügen, mit Essig und Salz abschmecken. Die restlichen Maniokstücke auf dem Teller verteilen und heiß servieren.

Dazu schmecken Tortillas (Seite 60).

Geschmortes Schweinefleisch nach Art der Bewohner der Südküste
Carne guisada de marrano estilo costa sur (Guatemala)

Die Rippchen in gleich große Stücke teilen. Die Bananen gründlich waschen und schälen, die Schalen zur Seite legen. Die Bananen quer halbieren und jede Hälfte in drei Stücke schneiden. Die Tomaten in Scheiben und die Zwiebeln in Ringe schneiden.
Einen Topf mit Bananenschalen auslegen und diese mit dem Öl begießen. Rippchen, Bananen, Tomaten und Zwiebeln mit etwas Salz bestreuen und darauf verteilen. Mit Bananenschalen bedecken und Wasser aufgießen, bis alles bedeckt ist. Bei mittlerer Hitze kochen, bis die Rippchen weich sind.
Dazu schmecken Reis und Gemüse oder Salat.

für 6-8 Personen

500 g Schweinerippchen
4 reife Kochbananen
8 mittelgroße Tomaten
2 mittelgroße Zwiebeln
30 ml Pflanzenöl

Reis mit Schweinefleisch und Gemüse
Arroz con puerco y vegetales (Panama)

In einer Pfanne das Fleisch mit Wasser leicht bedecken und anbraten, bis es bräunlich wird. Etwas salzen.
Die Paprika halbieren, entkernen, waschen und fein würfeln. Sellerie und Möhre putzen, klein schneiden. Die Zwiebel würfeln. Paprika, Sellerie und Möhre mischen und zum Fleisch geben. Nach und nach den Reis und die Zwiebel hinzufügen und den Reis weich kochen.
Heiß servieren.
Dazu schmecken Tortillas (Seite 60).

500 g Schweinefleisch
2 große Paprika
4 Stangen Bleichsellerie
1 Möhre
1 Zwiebel
250 g Reis

Reis mit Paprikawurst
Arroz con chorizo y ajíes dulces (Panama)

*500 g Chorizo
 (Paprikawurst)
20 g süßes Paprikapulver
2 EL Pflanzenöl
250 g Reis*

Die Chorizo in kleine Stücke schneiden und mit dem Paprikapulver vermischen.
In einer Pfanne das Öl erhitzen und die Wurst anbraten. Den Reis hinzufügen und weiterbraten. Wasser angießen, alles mit etwas Salz abschmecken und kurz aufkochen. Bei schwacher Hitze zugedeckt weitergaren, bis das Wasser verdampft ist. Vom Herd nehmen und heiß servieren.
Dazu schmecken Salat und frittierte oder gebackene Bananen.

Nicaraguanische Enchiladas
Enchiladas nicaragüenses (Nicaragua)

für 8 Personen

*600 g Mehl
3 Eier
Pflanzenöl*

*für die Füllung:
1 Paprika
1 mittelgroße Zwiebel
250 g Reis
500 g Hackfleisch*

Für die Füllung die Paprika halbieren, entkernen, waschen und fein würfeln. Die Zwiebel klein schneiden.
In einer tiefen Pfanne Öl erhitzen, die Zwiebel und die Paprika glasig dünsten. Den Reis und das Fleisch dazugeben, vermischen und anbraten, mit Salz und Pfeffer würzen und zur Seite stellen.
In einer Schüssel Mehl, Eier und 1-2 EL Wasser zu einem festen Teig verrühren, mit Salz und Pfeffer abschmecken. Den Teig zu einem runden Fladen formen und in acht Teile schneiden. In einem Topf oder einer tiefen Pfanne wenig Öl erhitzen und die Teigstücke bei schwacher Hitze von beiden Seiten anbraten. Herausnehmen, mit etwas Füllung belegen und vorsichtig von allen Seiten fest verschließen, sodass sie wie Halbmonde aussehen. Die Enchiladas in die Pfanne legen und in heißem Öl goldbraun braten.
Dazu schmecken ein einfacher Rohkostsalat und frittierte oder gebratene Kochbananen.

Gebratene Schweineschwarten
Chicharronnes (Mittelamerika)

Chicharronnes sind Stücke vom Schwein, die im eigenen Saft gebraten werden. Das einfach zuzubereitende Gericht erfreut sich in Nicaragua besonderer Beliebtheit. Die Schwarten werden auf Märkten als Snack verkauft, als Vorspeise angeboten oder auch als Beilage zu Reis und Gemüse serviert.

In einer tiefen, mit Speck gefetteten Pfanne die leicht gesalzenen Schweineschwarten bei schwacher Hitze knusprig und braun braten. In ein Sieb legen und das Fett abtropfen lassen.

Chicharronnes werden auf Bananenblättern, Papptellern mit Alufolie oder auch am Tisch serviert – als einfacher Imbiss ohne Zutaten oder mit Curtido (Seite 92), Gemüse und verschiedenen Beilagen.

Speck zum Braten
1 kg Schweineschwarten

Gebratene Rippchen
Carne asada (Nicaragua)

Die Rippchen waschen, die Häutchen entfernen und die Rippchen in längliche Streifen schneiden. Mit Knoblauch und Sellerie einreiben und in eine Schüssel legen. Den Orangensaft zugießen, mit etwas Salz abschmecken und alles umrühren. Etwa eine Stunde ruhen lassen.

In einer Pfanne Öl erhitzen und die Rippchen rundum braten.

Dazu schmecken Gallo pinto (Seite 46) und gebratene Kochbananen (Seite 62), Krautsalat (Seite 93) oder Guacamole (Seite 90).

1 kg Rippchen
1 Knoblauchknolle
120 g Sellerie
1 l Saft von Bitterorangen
Pflanzenöl

Blutwurst
Moronga (Mittelamerika)

Die Moronga ist ein mit vielen Kräutern und Gewürzen im Schweinedarm gekochtes und weit verbreitetes Gericht in Mittelamerika. Ihr Ursprung liegt in Spanien. Dort werden unter dem Namen Morcilla je nach Gegend und Tradition unterschiedliche Sorten hergestellt.

1 kg frischer Speck
Schweinedärme
1 Orange (Saft) oder Essig
2 Zwiebeln
kleine dicke Chilischoten
6 Knoblauchzehen
Oregano
gehackter frischer Koriander
Schweineblut

Den Speck klein hacken und anbraten, anschließend abtropfen lassen. Die Därme mit Orangensaft oder Essig gründlich waschen. Zwiebeln, Chilis und Knoblauch fein hacken. Den Speck mit allen Zutaten vermischen und die Därme mit der Mischung so füllen, dass sie beim Kochen nicht platzen.

Einen Topf mit reichlich Wasser zum Kochen bringen, nach und nach die Blutwürste hineingeben und etwa eine Stunde garen. Mit einer Nadel prüfen, ob sie gar sind. Herausnehmen und abtropfen lassen.

Dazu schmecken Kartoffeln oder Reis und Gemüse.

Gebratenes Fleisch in Orangensaft
Carne asada en naranja agria (Costa Rica)

1 kg Fleisch von Rind
oder Schwein
4 säuerliche Orangen (Saft)
Pflanzenöl

Das Fleisch filetieren, im Orangensaft einlegen und mit Salz und Pfeffer würzen, bevor es braun wird.

In einer Pfanne Öl erhitzen und das Fleisch weich braten.

Dazu schmecken Kartoffeln oder Reis und Salat.

Carnes y Pollo

Eier mit kreolischer Paprikawurst
Huevos con chorizos criollos (Nicaragua)

Die Würste pellen und klein schneiden.
 In einer Pfanne Öl erhitzen und die Würste goldgelb anbraten. Die Eier aufschlagen, zugeben und alles weiterbraten. Mit einem kleinen Löffel umrühren, bis sich Eier und Wurst vermengt haben. Etwas Wasser sowie Zitronensaft angießen und alles noch einmal aufkochen.
 Dazu schmecken Kartoffeln oder Reis, Gemüse und Tortillas (Seite 60).

für 8 Personen

*6 kreolische Paprikawürste
 oder Chorizo
Pflanzenöl
12 Eier
Zitronensaft*

Hühnchenreis
Arroz con pollo (El Salvador)

Das Fleisch zerkleinern. Die Zwiebel würfeln und den Knoblauch fein hacken.
 In einem Topf die Butter zerlassen und die Zwiebel anbraten. Fleisch, Reis, Knoblauch und Pilze hinzufügen, alles mit Wasser bedecken und kochen. Wenn das Fleisch und der Reis weich sind, den Topf vom Herd nehmen. Oliven und Kapern hinzufügen, mit Salz und Pfeffer abschmecken.
 Dazu schmeckt ein Gemüsesalat.

*250 g Hühnerfleisch
½ Zwiebel
1-2 Knoblauchzehen
 nach Geschmack
125 g Butter
500 g Reis
30 g Pilze
60 g Oliven
30 g Kapern*

Curryhuhn
Pollo al curry (Belize)

500 g Hähnchenbrust
6 mittelgroße Tomaten
2 große Zwiebeln
3 Knoblauchzehen
2 TL Pflanzenöl
2 TL Ingwer
2 TL Currypulver
1 TL Kreuzkümmel
¼ l Kokosmilch
1 ½ EL Limettensaft
2 TL scharfes Paprikapulver
¼ l Hühnerbrühe

Die Hähnchenbrust in Streifen schneiden. Die Tomaten klein hacken. Die Zwiebeln würfeln und den Knoblauch hacken.

In einer Pfanne das Öl erhitzen, die Zwiebeln und den Knoblauch leicht anbraten. Ingwer, Curry und Kreuzkümmel dazugeben. Nach etwa 3 Minuten die Hähnchenbrust hinzufügen und zugedeckt in 7 Minuten weich dünsten.

Währenddessen in einer zweiten Pfanne aus den Tomaten, Kokosmilch, Limettensaft und Paprikapulver eine Sauce zubereiten. Nach und nach die Brühe zugießen und alles bei schwacher Hitze unter ständigem Rühren kochen, bis die Sauce leicht angedickt ist. Unter die Hühnerpfanne mischen und umrühren.

Dazu schmecken Reis und Krautsalat.

Valencianischer Reis auf nicaraguanische Art
Arroz a la valenciana estilo nicaragüense
(Nicaragua)

Das Fleisch zerkleinern. Die Paprika halbieren, entkernen, waschen und fein würfeln. Die Tomaten vierteln. Die Möhren raspeln. Die Zwiebeln würfeln.

Das Fleisch in reichlich Wasser kochen. Die Knoblauchzehen, die Hälfte der Zwiebeln, einige Paprikawürfel und die Möhren hinzufügen. Den Reis braten, zum Fleisch in den Topf geben und alles zugedeckt weiterkochen.

In einer Pfanne die Butter zerlassen, die restlichen Zwiebeln und Paprika anbraten. In den Topf mit dem Fleisch geben und die Tomaten hinzufügen. Den Schinken in kleine Stücke schneiden, mit einer Prise Pfeffer, der Worcester- und der Tomatensauce zugeben und alles unter ständigem Rühren weiterkochen. Falls nötig, etwas Wein zugießen, mit Salz und Pfeffer abschmecken.

Heiß servieren.

3 Hühnerbrüste
1 rote Paprika
2 Tomaten
2 Möhren
2 kleine Zwiebeln
1 Knoblauchknolle
450 g Reis
60 g Butter
450 g Schinken
Worcestersauce
120 ml Tomatensauce
etwas Weißwein oder Bier

Fest-Huhn
Pollo en fiesta / Pollo en chinamo
(Nicaragua)

Dieses Gericht wird auf Jahrmärkten oder Festen zubereitet und verzehrt.

1 Huhn (etwa 1 ½ kg)
250 g Möhren
2 Zucchini
5 EL Pflanzenöl
2 Lorbeerblätter
1 Prise geriebene Muskatnuss
50 g Rosinen
500 g Kartoffeln
3 EL Butter
2 EL Weizenmehl
60 ml milder Wein
2 EL Zucker
2 EL Worcestersauce
2 EL Kapern

Das Huhn in mundgerechte Stücke zerkleinern, waschen, trocken tupfen, mit Salz und Pfeffer würzen. Die Möhren in Scheiben schneiden, die Zucchini würfeln.

In einem Topf das Öl erhitzen und das Fleisch goldgelb anbraten, dann mit wenig Wasser bedecken. Lorbeerblätter, Muskat sowie die Möhren hinzufügen und alles zugedeckt kochen, bis die Möhren weich sind. Die Zucchini zugeben und weiterkochen. Wenn alles weich ist, die Rosinen einstreuen.

Währenddessen die Kartoffeln schälen und in Scheiben schneiden. Die Butter mit dem Mehl vermischen, mit Wein, Pfeffer, Zucker, Worcestersauce, Kapern und den Kartoffeln zum Fleisch geben und alles unter ständigem Rühren weich kochen.

Gefülltes Huhn
Gallina rellena (Nicaragua)

Das Hühnchen ausnehmen und waschen, salzen, mit Worcestersauce begießen und etwa zwei Stunden kalt stellen.

Für die Füllung das Schweinefilet in Würfel schneiden. Die Kartoffeln schälen und würfeln. Die Paprika halbieren, entkernen, waschen und fein würfeln. Die Möhre klein schneiden, die Zwiebel würfeln.

Einen Topf mit wenig Öl erhitzen, Zwiebel, Paprika, Möhre, Fleisch und Kartoffeln andünsten. Wasser angießen und zum Kochen bringen, nach und nach die restlichen Zutaten zugeben und alles bei schwacher Hitze weiterkochen. Das Huhn mit der Hälfte der Mischung füllen und zunähen.

In einem großen Topf Butter zerlassen und das Huhn von allen Seiten goldbraun braten. Die Butter abgießen und in einer Schüssel zur Seite stellen. Den Rest der Füllung über das Huhn geben, Wasser angießen und das Huhn bei schwacher Hitze weich kochen.

Dazu schmecken kreolischer Reis (Seite 57) und Salat.

mindestens 2 ½ Stunden vorher beginnen

1 Hühnchen (2-2 ½ kg)
3 EL Worcestersauce
Butter zum Braten

für die Füllung:
500 g Schweinefilet
500 g Kartoffeln
6 rote Paprika
1 Möhre
½ Zwiebel
Pflanzenöl
1 geriebene Muskatnuss
3 EL Kapern
60 g Oliven ohne Stein
125 g Rosinen
120 g Ananasstücke
120 ml Obstessig
Tomatenmark
3 EL Senf

◆

Fisch und Meeresfrüchte
Pescados y Mariscos

◆

Garnelen in Papaya-Sauce auf belizianische Art
Gambas en salsa de papaya de Belize
(Belize)

1 kg Garnelen
1 TL Knoblauchpulver
½ TL Zwiebelpulver
½ TL Cayennepfeffer
½ TL Oregano
½ TL gemahlener Thymian
½ TL Rosmarin
½ TL Basilikum
350 g Papayas
2 Paprika
4 große Tomaten
1 Zwiebel
2 Knoblauchzehen
2 TL Olivenöl
1 EL gehackter Ingwer
200 ml Kokosmilch
200 g Ananasstücke

Die Garnelen schälen und säubern, mit Knoblauch- und Zwiebelpulver, Cayennepfeffer und den Kräutern mischen. Die Papayas klein schneiden. Die Paprika halbieren, entkernen, waschen und fein würfeln. Die Tomaten vierteln, die Zwiebel und den Knoblauch klein hacken.

In einem Topf das Öl erhitzen, die Zwiebel, den Knoblauch und den Ingwer andünsten. Kokosmilch, Tomaten, Paprika, Papayas und Ananasstücke zugeben und alles bei schwacher Hitze köcheln, bis die Sauce leicht angedickt ist. Anschließend pürieren.

Die Garnelen auf einen Spieß stecken und von allen Seiten etwa 3 Minuten braten.

Mit der Sauce servieren.

Fischfilet in Kokosmilch
Hudut (Belize, Honduras)

Hudut gehört zu den populärsten Fischgerichten der Garifuna, die an der karibischen Küste von Belize, Honduras und Nicaragua leben.

5 Kochbananen
200 ml Kokosmilch
1 kg Fischfilet
Oregano
1 Lorbeerblatt

Die Bananen schälen und in Stücke schneiden. In einem Topf mit leicht gesalzenem Wasser in etwa 10 Minuten weich kochen. Herausnehmen, auf einem Teller abkühlen lassen und pürieren.

Die Kokosmilch zum Kochen bringen. Den Fisch mit Oregano, dem Lorbeerblatt, Salz und Pfeffer zugeben und bei schwacher Hitze zugedeckt gar köcheln.

Den Fisch mit Bananenpüree anrichten, mit der Kokosmilch übergießen und servieren.

Typisches nicaraguanisches Frühstück: *Gallo Pinto* (Seite 46) mit gebratenem Ei und Brot

Frittierte Kochbananen

Chicharronnes (Seite 119)

Vorbereitung des Maisteigs zur Herstellung von *Tortillas* (Seite 60)

Zubereitung der *Tortillas*

Garnelen-Ceviche (Seite 133)

Buntbarsch aus Tipitapa
Guapote en Tipitapa (Nicaragua)

Tipitapa liegt am Nicaraguasee, der über einen großen Fischbestand verfügt, darunter den Guapote, eine Buntbarschart. Er wird heute auch in Costa Rica, Guatemala und El Salvador gern gegessen.

Den Fisch säubern, mit Salz und Pfeffer einreiben und etwa 10 Minuten ruhen lassen. Die Tomaten vierteln und die Zwiebel würfeln.

In einer Pfanne Öl erhitzen und den Fisch anbraten.

In einer zweiten Pfanne Öl erhitzen, die Zwiebel mit den Tomaten, dem Ketchup und dem Zucker vermischen und etwa 3 Minuten dünsten. Mit der Worcestersauce verfeinern.

Den Fisch anrichten und mit der Sauce übergießen.

Dazu schmecken Reis, Salat und gebratene Kochbananen (Seite 62).

1 Guapote (Buntbarschart) oder Rotbarsch
2 große Tomaten
1 Zwiebel
Pflanzenöl
2 EL Ketchup
1 Prise Zucker
1 EL Worcestersauce

Garnelen in Knoblauch
Camarones al ajillo (Honduras)

500 g Garnelen
2 EL Butter
Knoblauchzehen
2 EL Zitronensaft
4 EL Weißwein
Petersilie
5 Gewürznelken oder Nelkenpulver

Die Garnelen schälen und säubern.

In einem Topf die Butter zerlassen und die Garnelen mit dem zerdrückten Knoblauch bei mittlerer Hitze kochen. Zitronensaft und Wein zugießen und alles bei schwacher Hitze weiterkochen.

Die Petersilie hacken und die Nelken zerstoßen. Beides einstreuen und alles bei schwacher Hitze unter ständigem Rühren weitere 10 Minuten garen.

Dazu schmecken Tortillas (Seite 60) oder Brot.

Variante
Statt Petersilie kann auch Koriander verwendet werden.

Kabeljau auf Biskayisch
Bacalao a la vizcaina (Honduras, Belize)

Den Kabeljau 24 Stunden in Wasser einlegen, dabei regelmäßig das Wasser wechseln. Am nächsten Tag in einem Topf Wasser zum Kochen bringen und den Fisch darin garen. Die Paprika halbieren, entkernen, waschen und fein würfeln. Die Tomate vierteln und die Zwiebel würfeln.
In einer Pfanne Öl erhitzen und die Zwiebel glasig andünsten. Den zerdrückten Knoblauch, die Paprika und die Tomate zugeben, weiterdünsten. Das Mehl einstreuen und verrühren.
Den fertigen Fisch in die Sauce geben und bei schwacher Hitze noch einige Minuten warm halten.
Den Fisch auf einer Platte anrichten, mit Petersilie und Zitronenscheiben garnieren.
Dazu schmeckt Reis.

am Vortag beginnen

500 g frischer Kabeljau
1 rote Paprika
1 Tomate
1 große Zwiebel
Olivenöl
2 Knoblauchzehen
1 EL Mehl
Petersilie
1 Zitrone

Meeresfrüchtesalat
Ensalada de mariscos (El Salvador)

Die Garnelen schälen und säubern. Den Sellerie klein hacken. Beides in einer Schüssel mit den übrigen Zutaten gut vermischen. Im Kühlschrank einige Minuten kalt stellen.
Mit Petersilie garnieren und kalt servieren.

125 g kleine Garnelen
½ Stange Bleichsellerie
125 g Thunfisch
60 g Mayonnaise
2 TL Limettensaft
30 ml Pflanzenöl
½ TL Currypulver
½ TL Worcestersauce
325 g gekochter Reis
Petersilie zum Garnieren

Roher Fischsalat
Cevice (Mittel- und Südamerika)

Cevice, der zu Recht bekannteste Fischsalat Süd- und Mittelamerikas, zeichnet sich durch seine Mischung aus rohen, in Limetten- oder Zitronensaft marinierten Fischen und Zutaten wie Zwiebeln, Oliven und Tomaten aus.

Peru gilt als das Ursprungsland des Cevice. Der Salat hat sich jedoch in den süd- und mittelamerikanischen Küchen einen festen Platz erobert, vor allem in den Küstenregionen.

mehrere Stunden vorher beginnen

500 g Fischfilet (verschiedene Sorten)
2 Limetten oder Zitronen (Saft)
1 Avocado
5 Tomaten
½ Zwiebel
2 Limonen oder Zitronen
10 Korianderzweige
3 EL Olivenöl
Oliven nach Bedarf
Oregano

Den Fisch klein schneiden, mit Limettensaft beträufeln und in einem geschlossenen Topf oder einer Schüssel im Kühlschrank mehrere Stunden ziehen lassen. Anschließend die Flüssigkeit abtropfen lassen.

Währenddessen die Avocado halbieren, den Stiel abschneiden und das Fleisch aus der Schale lösen. Die Tomaten vierteln und die Zwiebel würfeln. Die Limonen schälen und in Stücke schneiden. Den Koriander klein schneiden.

Das Öl, die Zwiebel, Limonen, Oliven, Oregano und etwas Salz zum Fisch geben und kräftig vermischen. Die Tomaten hinzufügen und alles gut verrühren. Zuletzt das Avocadofleisch und den Koriander dazugeben und den Salat noch einmal gut mischen. In kleinen Schalen servieren.

Dazu schmeckt Brot.

Pescados y Mariscos

Garnelen-Ceviche
Cevice de camarón (El Salvador)

Die Garnelen schälen und säubern. In einem Topf mit Wasser etwa 5 Minuten garen, abkühlen lassen und klein schneiden. Die Garnelen in einer Mischung aus Limonensaft und Zwiebel einlegen und eine knappe Stunde kühl stellen.
Die Garnelen in die Sauce geben und den Ceviche in kleinen Schalen servieren.
Dazu schmecken herzhaftes Gebäck wie Brot, Baguette oder Tortillas, aber auch Brezeln.

1 kg Garnelen
30 ml Limettensaft
60 g gewürfelte Zwiebel

Paniertes Fischfilet
Filetes de pescado empanizado (Nicaragua)

Dieses Gericht ist typisch für die zu Nicaragua gehörenden und im Karibischen Meer liegenden Islas de maíz, auch Corn Islands oder Maisinseln.

Den Fisch säubern und in Scheiben schneiden, mit Salz und Limettensaft einreiben, 10 Minuten ruhen lassen.
In einem tiefen Teller das Ei verschlagen. Mehl und Semmelbrösel auf zwei weitere Teller geben. Die Filetscheiben zuerst im Ei, dann im Mehl und zuletzt in den Semmelbröseln wälzen.
In einer Pfanne Öl erhitzen und die Filets braten.
Dazu schmecken Chirmol salvadoreño (Seite 87), Reis, Salat oder Enchiladas (Seite 118).

500 g Fischfilet
1 Limette (Saft)
1 Ei
2 EL Mehl
6 EL Semmelbrösel
Pflanzenöl

Muschelcocktail
Coctel de conchas (El Salvador)

6 schwarze Muscheln
1 Tomate
1 Zwiebel
2 Minzezweige
Worcestersauce
Tabasco
Limettensaft
1 Limette zum Garnieren

Das Muschelfleisch etwas zerkleinern. Die Tomate klein hacken und die Zwiebel würfeln. Die Minzeblätter klein hacken.

Alle Zutaten miteinander vermischen, mit Salz und Pfeffer abschmecken. In Gläser oder Schälchen füllen und mit Limettenscheiben garnieren.

Dazu schmecken herzhaftes Gebäck wie Brot, Baguette oder Tortillas, aber auch Brezeln.

Garnelencocktail
Coctel de camarones (Nicaragua)

mehrere Stunden vorher beginnen

500 g Garnelen
2 Paprika
2 große Tomaten
2 Zwiebeln
6 Chilis
1 TL Essig
2 EL Ketchup
20 g gehackter frischer Koriander
30 ml Limetten- oder Orangensaft
1 Orange zum Garnieren

Die Garnelen schälen und säubern. Die Paprika halbieren, entkernen, waschen und fein würfeln. Die Tomaten vierteln, die Zwiebeln würfeln, die Chilis klein hacken.

In einem Topf mit wenig Wasser die Garnelen kurz aufkochen. Alle Zutaten bis auf den Limettensaft miteinander vermischen, mit Salz und Pfeffer abschmecken. Im Kühlschrank etwa drei Stunden ziehen lassen.

Den Garnelencocktail kalt in Dessertschüsseln servieren, mit Limettensaft beträufeln und mit Orangenscheiben garnieren.

Dazu schmecken Tortillas (Seite 60) oder Brot.

Variante
Je nach Geschmack kann die Mischung auch ohne Chili hergestellt werden.

Bohnensuppe mit Tintenfisch
Pinto – Sopa seca de frijoles con calamares
(Süd- und Mittelamerika, Küstenregionen)

Den Fisch säubern und in kleine Stücke schneiden. Die Zwiebel grob und den Knoblauch fein hacken, die Chili würfeln.
In einem Topf das Öl erhitzen, die Zwiebel, den Knoblauch und die Chili bei mittlerer Hitze andünsten. Mit Wein ablöschen und diesen verdunsten lassen. Die Fischstücke hinzufügen und kurz dünsten – sie dürfen nicht zäh werden. Mit einem Schöpflöffel herausnehmen und zur Seite stellen. Die Bohnen und den Dill in den Sud geben, 5 Minuten ziehen lassen. Die Fischstücke zurück in den Topf geben und diesen vom Herd nehmen. Mit Salz abschmecken.
Dazu schmecken Tortillas (Seite 60) oder Chips.

für 6 Personen

250 g küchenfertiger Tintenfisch
1 Zwiebel
4 Knoblauchzehen
1 Chili
3 EL Pflanzenöl
80 ml Weißwein
500 g Pintobohnen (aus dem Biomarkt)
2 EL gehackter Dill

Bananenfischcreme
Bundiga (Belize, Honduras, mittelamerikanische Atlantikküste)

Das Nationalgericht der ethnischen Minderheit der Garifuna. Der Pargofisch ist im Atlantik beheimatet, und Gerichte mit ihm sind in den angrenzenden Ländern und auf den Kanarischen Inseln typisch. Ausgewählte Fischhändler bieten ihn auch bei uns an.

740 g Pargofisch oder Seebrasse
etwa 5 Kochbananen
1 mittelgroße Zwiebel
1 ¼ l Kokosmilch
1 TL Knoblauchpulver
½ TL gemahlener Thymian

Den Fisch ausnehmen, waschen und in kleine Stücke schneiden. In einem Topf mit Wasser bei schwacher Hitze köcheln.

Die Kochbananen schälen und raspeln. Die Zwiebel klein hacken.

In einem kleinen Topf die Kokosmilch unter ständigem Rühren zum Kochen bringen, das Knoblauchpulver, die Zwiebel und den Thymian zugeben. Nach und nach die Bananen einrühren und die Masse bei schwacher Hitze unter ständigem Rühren etwa 15 Minuten kochen.

Den Fisch salzen und pfeffern, nach und nach in die Milchmischung geben und bei schwacher Hitze weitere 15 bis 20 Minuten kochen.

Heiß servieren.

Brot, Gebäck und Kuchen
Panes, Galletas y Pasteles

Süßes Früchtebrot
Bon Pan (Costa Rica)

Der Einfluss der afrikanischen Bevölkerung an der karibischen Küste Costa Ricas hat sich auch auf die Küche des Landes ausgewirkt. Die Vermischung karibischer und indigener Kulturen brachte unzählige Gerichte und Backwaren hervor, so auch das Bon Pan, eine Spezialität der Bewohner der Küstenregionen.

mindestens 2 Stunden vorher beginnen

2 Stück Hefe
1 kg Mehl
250 g weiche Butter
250 g geriebener Käse
100 g Paniermehl
1 EL gemahlener Zimt
1 EL Vanillemark oder -zucker
½ TL geriebene Muskatnuss
60 g brauner Zucker
250 g kandierte Früchte
115 g Rosinen

Die Hefe in ¼ l lauwarmem Wasser auflösen, mit 350 g Mehl vermischen und an einem warmen Ort bis zu zwei Stunden gehen lassen.

Die Butter, den Käse, Paniermehl, Zimt, Vanille und Muskat zum Teig geben. Den Zucker abwechselnd mit dem restlichen Mehl in den Teig rühren. Die kandierten Früchte mit Mehl bestäuben und mit den Rosinen dem Teig zugeben, alles verrühren. Im vorgeheizten Ofen bei mittlerer bis starker Hitze etwa 30 Minuten backen.

Dazu schmeckt Kakao oder Kaffee.

Frittierter Toast
Torrejas (Honduras)

Traditionelles Weihnachtsrezept aus Honduras

Die Milch mit Zimt, Vanillemark und Zucker mischen, zum Kochen bringen. Die Eigelbe verrühren. Die Toastscheiben kurz in der Milch einweichen, herausnehmen und mit Eigelb bestreichen.

In einer Pfanne Öl erhitzen und die Toastscheiben goldgelb bis hellbraun anbraten. Mit Honig bestreichen und warm servieren.

für 8 Personen

300 ml Milch
1 Prise gemahlener Zimt
1 Vanilleschote
1 Prise Zucker
2 Eigelb
8 Toastbrotscheiben
Olivenöl
Honig

Bananenkuchen
Queque de banano (Costa Rica)

Die Bananen zerdrücken, mit der Butter und dem Zucker verrühren. Das Mehl mit dem Backpulver und den Gewürzen hinzugeben, weiterrühren. Das Ei verquirlen und untermischen. Alles zu einem glatten Teig verrühren, in eine eingefettete Springform füllen und bei mittlerer Hitze etwa 40 Minuten backen.

Als Dessert servieren.

4 mittlere reife,
    dunkle Bananen
250 g Butter
200 g Zucker
250 g Mehl
1 Päckchen Backpulver
gemahlener Zimt
Gewürznelken
Vanillezucker
1 Ei

Guatemaltekischer Bananenkuchen
Pastel de banano (Guatemala)

Ein traditionelles Rezept aus der Mayaküche

750 g Mehl
500 g weiche Butter
250 g Zucker
4 Eier
2 TL Vanillezucker
2 TL Backpulver
4 Bananen
120 g Sahne

Das Mehl und ½ TL Salz mit der Butter cremig schlagen. Zucker, Eier, Vanille und Backpulver zugeben und weiterschlagen, bis die Masse weich und cremig ist. Die Bananen zerdrücken, untermischen und alles zu einem glatten Teig verrühren. In eine eingefettete Backform füllen und bei starker Hitze goldbraun backen.

Die Sahne mit etwas Zucker verquirlen und den Kuchen damit übergießen. Abgekühlt als Dessert servieren.

Dazu schmeckt Kakao oder Kaffee.

Herzhaftes Bananenbrot
Torta de plátano (Belize)

8 Kochbananen
Pflanzenöl
6 Eier
500 g geriebener Käse oder Parmesan

Die Bananen klein hacken.

In einer Pfanne Öl erhitzen und die Bananen braten. Herausnehmen und in eine Schüssel geben. Die Eier trennen, die Eiweiße steif schlagen, die Eigelbe dazugeben und weiterschlagen. Mit dem Käse zu den Bananen geben und alles zu einem glatten Teig verrühren. In eine eingefettete Form füllen und im vorgeheizten Ofen bei mittlerer Hitze bis zu 30 Minuten backen.

Weihnachtliches Honigbrot
Pan de miel de Navidad (Belize)

In einer beschichteten Pfanne die Erdnüsse rösten und anschließend klein hacken. In einem Topf den Honig und den Zucker verrühren, kurz aufkochen und abkühlen lassen.

Mehl und Backpulver in eine Schüssel sieben und zu der lauwarmen Honigmasse geben. Das Ei, die Hälfte der Erdnüsse, Nelken und Zimt einrühren. Den Teig in eine kleine eingefettete Backform füllen und im vorgeheizten Ofen bei mittlerer Hitze etwa eine Stunde backen.

Abkühlen lassen, mit einer Mischung aus Puderzucker und Zitronensaft glasieren und mit den restlichen Erdnüssen bestreuen.

30 g Erdnüsse
500 g Honig
170 g brauner Zucker
220 g Mehl
2 TL Backpulver
1 Ei
1 Prise Gewürznelkenpulver
1 TL gemahlener Zimt
Puderzucker
1 Zitrone (Saft)

Süßer Reibekuchen
Marquesote (El Salvador, Honduras)

Die Eier trennen, die Eiweiße steif schlagen, die Eigelbe hinzufügen. Die Zimtstange in kleine Stücke schneiden und untermischen. Den Zucker dazugeben und weiterrühren. Das Mehl und das Backpulver hinzufügen, die Zitronenschale unterheben. Den Teig verrühren, in eine eingefettete Kuchenform füllen und goldbraun backen.

12 Eier
1 Zimtstange
500 g Zucker
500 g Mehl
1 Päckchen Backpulver
abgeriebene Zitronenschale

Königinhappen
Bocado de la reina (Guatemala, Panama)

Die Königinhappen sind ein typisches Kuchendessert zu Ostern und besonders in Guatemala verbreitet.

1 Tortenboden (26 cm)
4 EL Speisestärke
180 g Zucker
325 ml Kondensmilch
6 Eier
4 EL Rum
Kirschen, Minzeblätter oder bunte Pastillen zum Garnieren

Den Tortenboden in Vierecke oder Kreise schneiden und auf ein Backblech legen. Die Stärke in Wasser und Zucker auflösen.

In einem Topf die Kondensmilch und die Stärke unter ständigem Rühren kurz aufkochen. Den Topf vom Herd nehmen. Die Eier trennen, die Eigelbe verquirlen, zur Kondensmilch geben und bei starker Hitze weiterkochen. Den Rum zugeben, die Mischung vollständig abkühlen lassen und über die Kuchenstücke gießen.

Anschließend ein Baiser bereiten: Dazu die Eiweiße steif schlagen und in ein Sieb geben. 125 ml Wasser zum Kochen bringen und über den Eischnee gießen. Das Baiser löffelweise über den Kuchen geben und diesen vor dem Servieren garnieren.

Variante
Für den Kuchen kann man auch Baguette oder altbackenes Brot verwenden, das vor dem Verarbeiten eingeweicht wird.

Kreolisches Brot
Pan criollo (Belize)

Dank ihrer afrikanischen, europäischen und indigenen Vorfahren ist die kreolische Küche besonders abwechslungsreich. Sie hielt Einzug mit dem Volk der Garifuna, das sich im Gebiet des heutigen Belize und Honduras ansiedelte. Eines der typischen Backwaren ist das von den Garifuna bevorzugte Brot, tradiert seit Jahrhunderten.

In einer Schüssel das Mehl mit dem Backpulver und etwa 200 ml lauwarmem Wasser vermischen. Ei, Zucker, Rosinen und Gewürze unterrühren. Eine Vertiefung in die Mitte des Teigs drücken.

In einem Topf die Butter zerlassen, die Milch mit dem Vanillemark hinzufügen und leicht erwärmen. Die Hefe einrühren, dann die Mischung in die Vertiefung gießen. Alles gut verrühren und den Teig an einem warmen Ort etwa eine Stunde gehen lassen.

Den Teig auf einer bemehlten Fläche kneten, in eine eingefettete Kastenform füllen und bei mittlerer Hitze in etwa 40 Minuten goldgelb backen.

mindestens 2 Stunden vorher beginnen

1 kg Mehl
1 TL Backpulver
1 Ei
250 g brauner Zucker
2 TL Zucker
250 g Rosinen
1 TL geriebene Muskatnuss
1 TL gemahlener Zimt
100 g Butter
375 ml Milch
1 ½ Vanillestangen
1 EL Hefe

Blätterteigflocken
Hojuelas (El Salvador)

250 g Mehl
125 g Butter
4 Eier
1 ½ EL Zucker
60 ml Milch
Pflanzenöl
fester Honig

In einer Schüssel Mehl, Butter, Eier, Zucker und Salz zu einem Teig verkneten. Damit er nicht zu fest wird, die Milch und etwas Wasser untermischen. Auf einer bemehlten Fläche sehr dünn ausrollen und in viele kleine oder größere länglich geformte Teile schneiden.

In einer Pfanne Öl erhitzen und die Teigstücke braten, bis sie leicht bräunlich sind.

In einem Topf Honig und Wasser zu Sirup kochen. Die Teigstücke damit übergießen und servieren.

Maiskuchen
Pastel de maíz (Costa Rica)

300 g Butter
300 g Zucker
300 g Maiskörner
300 g Mehl
4-5 Eier

Butter und Zucker vermischen. Maiskörner, Mehl und Eier unterrühren, sodass ein glatter Teig entsteht. In kleinere Backformen verteilen und bei mittlerer Hitze etwa 30 Minuten backen.

Dazu schmecken Kakao, Kaffee oder Erfrischungsgetränke.

Kokos-Mandel-Plätzchen
Cocadas con almendra (Mittelamerika)

Die Kokosnuss aufschlagen. In einem Topf Kokoswasser und -milch mit den Kokosraspeln, 250 g Zucker und einer Prise Salz erwärmen. Sobald die Mischung leicht süßlich schmeckt, den Topf vom Herd nehmen. Leicht abkühlen lassen und die Eigelbe hinzufügen. Bei schwacher Hitze köcheln, bis die Masse im Topf steigt. Erneut vom Herd nehmen und etwa 5 Minuten abkühlen lassen. 120 g Zucker hinzufügen und alles unter Rühren weiterkochen, bis die Masse eine Karamellfarbe annimmt. Sobald sie klebrig wird, den Topf wieder vom Herd nehmen und leicht abkühlen lassen.

Alles gut vermischen, aus der Kokosmasse Kugeln formen, etwas flach drücken und mit Mandeln belegen. Die Plätzchen auf ein Blech mit Backpapier legen und im Ofen etwa 10 Minuten leicht anbräunen.

Warm servieren.

1 Kokosnuss (Kokoswasser, -milch und -raspeln)
370 g Zucker
4 Eigelb
30 g geschälte und gemahlene Mandeln

Dreierlei-Milch-Kuchen
Tres leches (Mittelamerika)

Dieser Milchkuchen ist als Süßspeise in allen mittelamerikanischen Ländern verbreitet. Seine Besonderheit besteht in der Verwendung von drei Milchsorten: Kaffeesahne, Kondensmilch und Schlagsahne.

*mindestens 2 Stunden
vorher beginnen*

*6 Eier
125 g Zucker
125 g Mehl
1 Päckchen Vanillezucker
1 Päckchen Backpulver
¼ l Kaffeesahne
¼ l Kondensmilch
¼ l Schlagsahne
3 Eiweiß*

Die Eier mit der Hälfte des Zuckers vermischen. Mehl, Vanille und Backpulver hinzufügen und verrühren, bis eine feste Masse entsteht. In eine eingefettete Form füllen und im Ofen etwa 30 Minuten backen. Herausnehmen und abkühlen lassen.

In einer tiefen Schüssel die drei Milchsorten verrühren. Löcher in den Kuchen stechen und die Milchmischung darübergießen, sodass sie einziehen kann. Den Kuchen im Kühlschrank mindestens zwei Stunden abkühlen lassen.

Aus Eiweißen und dem restlichen Zucker ein Baiser schlagen und über den Kuchen geben.

Als Dessert oder süßen Snack servieren.

Dazu schmecken Kakao, Kaffee, Pinolillo (Seite 160) oder Fruchtsäfte.

Varianten
Den Teig mit Rum verfeinern. Den Kuchen mit Nüssen, Mandeln oder Schokoladenstreuseln garnieren.

Johnny Cake – Fladenkuchen aus Maismehl
Johnny Cake (Küstenregionen von Honduras, Belize, Nicaragua, Costa Rica)

Einflüsse nordamerikanischer Essgewohnheiten und deren Herstellung von Speisen charakterisieren seit Mitte des 19. Jahrhunderts manche Gerichte an der mittelamerikanischen Atlantikküste. Dort entstanden zu jener Zeit Zentren der Holzindustrie, des Bananenanbaus sowie Minen. Mit den Arbeitskräften aus Nordamerika kam auch der Johnny Cake nach Zentralamerika, der sich vom Original durch die Verwendung von Bestandteilen der Kokosnuss und des Mais – anstelle von Weizenmehl – unterscheidet.

Das Mehl mit Backpulver und einer Prise Salz in eine Schüssel sieben. Die Butter in Stückchen beifügen. Löffelweise Wasser dazugeben und rühren, bis ein glatter, geschmeidiger Teig entsteht.

In einer Pfanne das Öl erhitzen, den Teig löffelweise hineingeben und zu flachen Keksen formen. Auf ein eingefettetes Blech legen und im Ofen hellbraun backen.

Herausnehmen und auf Backpapier ausbreiten, um das Öl aufzunehmen.

250 g Mehl
2 TL Backpulver
125 g Butter
120 ml Pflanzenöl

Variante
Das Maismehl mit Zucker, Backpulver und einer Prise Salz in eine Schüssel sieben. Butter und Öl hinzufügen, alles durchkneten. Kokosmilch zugießen und verrühren, bis der Teig nicht mehr an der Schüssel klebt. Aus dem Teig Kugeln formen und leicht flach drücken. In den Kokosraspeln wälzen, auf ein bemehltes Blech legen und im Ofen bei starker Hitze goldgelb backen.

250 g Maismehl
2 EL Zucker
2 TL Backpulver
1 EL Butter
2 EL Pflanzenöl
60 ml Kokosmilch
60 g Kokosraspeln

Nicaraguanisches Maisbrot
Perrerreque / Pan de elote (Nicaragua)

12 kleine Maiskolben
   (Körner)
250 g Maismehl
250 g Butterflocken
100 ml Sahne
4 Eier
150 g Zucker
3 TL Backpulver
1 TL gemahlener Zimt
125 g geriebener Weißkäse

In einer Schüssel alle Zutaten zu einem glatten Teig verrühren. In eine eingefettete Form füllen und im Ofen bei mittlerer Hitze goldgelb backen. Abkühlen lassen, in Stücke schneiden und servieren.
Dazu schmeckt Kaffee.

Kleine Maiskekse
Polvorón (Costa Rica)

500 g Maismehl
400 g Butter
150 g gemahlene Mandeln
1 EL Vanillezucker
Puderzucker zum Bestäuben
Zimt zum Bestreuen

In einer Schüssel alle Zutaten vermischen. Mit den Händen Figuren oder Kugeln formen, auf ein eingefettetes Blech legen und im Ofen etwa 15 Minuten backen.
Erkalten lassen, mit Puderzucker bestäuben und mit Zimt bestreuen.

Variante
Dem Teig können unterschiedliche Zutaten beigegeben werden, etwa Nüsse oder Schokolade.

Desserts und Süßigkeiten
Postres y Dulces

Milchreis
Arroz con leche (El Salvador)

Milchreis ist in ganz Mittelamerika ein bedeutendes Dessert. Er wird in vielfältigen Varianten und mit unterschiedlichen Reissorten zubereitet, mit braunem Zucker, mit braunem oder weißem Rundkorn- oder Langkornreis, mit Kokosmilch (in den karibischen Regionen) oder mit einfacher Milch. So unterschiedlich wie die Zubereitungsarten sind auch die Geschmacksrichtungen.

mehrere Stunden vorher beginnen
für 6 Personen

400 g Langkornreis
600 ml Milch
4 g gemahlener Zimt
2 EL Butter
100 g Zucker
1 TL Rosinen
1 Prise geriebene Muskatnuss
Zimt, Kokosraspeln oder Rosinen zum Garnieren

Den Reis mit 150 ml Milch und ¼ l Wasser vermischen und einige Stunden kalt stellen.

In einem Topf etwa 1 ½ l Wasser mit dem Zimt und einer Prise Salz zum Kochen bringen. Den Reis hinzufügen und unter ständigem Rühren die restliche Milch, die Butter sowie 2 EL Zucker zugeben. Wenn der Reis weich ist, die Rosinen und den restlichen Zucker einrühren. Sobald der Reis eine feste Konsistenz angenommen hat, ihn in gekühlte Schälchen oder Becher füllen, mit Muskat bestreuen und etwa 30 Minuten abkühlen lassen.

Vor dem Servieren nach Geschmack mit Zimt, Kokosraspeln oder Rosinen garnieren.

Varianten
In Costa Rica isst man in der Semana Santa, der Osterwoche, einen Milchreis, der mit Sahne und Kondensmilch hergestellt wird. An den Küsten der Karibik verwendet man Kokos- statt herkömmlicher Kuhmilch.

Postres y Dulces

Belizianische Baisers
Merengue (Belize)

Merengue ist nicht nur eine Süßigkeit aus Schaum, sondern eine der bekanntesten lateinamerikanischen Musikrichtungen, deren Tanz Leichtigkeit und Lebensfreude ausdrückt – eben wie Baiser, die lockere Süßigkeit aus Zucker und Eiweiß, die in ganz Mittelamerika verbreitet ist.

Die Eiweiße schlagen. Nach und nach 2 TL Zucker und Zitronensaft hinzufügen und schlagen, bis der Eischnee steif ist. Mit einem Spritzbeutel kleine Formen auf ein Blech spritzen und mit Zucker bestreuen. Bei mittlerer Hitze in bis zu 20 Minuten goldgelb backen.

3 Eiweiß
Zucker
1 TL Zitronensaft oder
⅛ l Schlagsahne

Guatemaltekischer Baiser
Espumilla (Guatemala)

In einem Topf Eiweiße und Zucker mischen und rühren, bis der Zucker sich aufgelöst hat. Bei schwacher Hitze unter ständigem Rühren erhitzen. Die Mischung vom Herd nehmen und mit einem Mixer steif schlagen. Mit einem Spritzbeutel Formen auf ein Blech spritzen und mit Backpapier abdecken. Im vorgeheizten Ofen bei starker Hitze etwa 15 Minuten backen. Abkühlen lassen.

8 Eiweiß
750 g Zucker

Pudding aus Süßkartoffeln
Pudín de camotes (Belize)

für 4-6 Personen

*3 Süßkartoffeln oder
 Yamswurzel
120 g Zucker
400 ml Kokosmilch
400 ml Kondensmilch
1 EL geriebener Ingwer
1 TL Vanillezucker
60 g Kokosraspeln*

Den Ofen vorheizen. Die Süßkartoffeln schälen und klein schneiden.
   In einer großen Schüssel die Kartoffeln, den Zucker und die Kokosmilch vermischen, bis der Zucker sich vollständig aufgelöst hat. Die Kondensmilch, Ingwer und Vanille hinzufügen, alles zu einem festen Teig verarbeiten. Auf ein Blech legen und etwa eine Stunde backen.
   Mit gerösteten Kokosraspeln bestreuen und heiß oder kalt servieren.

Reife Herrlichkeit – Gebackene Kochbananen
Maduros en gloria (Honduras, Nicaragua)

Ein süßes, religiöses Weihnachtsdessert, das die Herrlichkeit Gottes verehrt

für 6 Personen

*6 feste Kochbananen
¼ l Sahne
125 g Frischkäse
4 EL Zucker
gemahlener Zimt
Vanilleextrakt
4 EL Butter*

Die Bananen schälen und längs halbieren. Sahne und Käse mischen, Zucker, Zimt und Vanille hinzufügen und alles zu einer glatten Masse verrühren.
   In einer Pfanne die Butter zerlassen und die Bananen braten. Sechs Bananenhälften auf ein eingefettetes Backblech legen, mit der Sahne-Käse-Mischung bestreichen und die anderen Bananenhälften daraufleggen. Die restliche Mischung darübergießen und die Bananen im Ofen bei mittlerer Hitze etwa 20 Minuten backen. Heiß servieren.
   Dazu schmeckt Schlagsahne.

Variante
In Nicaragua wird der Masse aus Zucker, Zimt und Vanille Curaçao beigemischt.

Papaya-Dessert
Dulce de papaya (Honduras)

Die Papayas schälen, halbieren, entkernen und dünsten, anschließend pürieren. In einem Topf wenig Wasser mit Karamell und Zimt aufkochen. Wenn der Sirup dickflüssig ist, die Papayas zugeben und bei schwacher Hitze unter ständigem Rühren 10 Minuten ziehen lassen.

4 kleine Papayas
1 Block Karamell
gemahlener Zimt

Kokosflammerie
Flan de coco (Honduras)

Den Zucker karamellisieren. Die Eier trennen, die Eiweiße steif schlagen, mit den Eigelben, Milch und Kondensmilch vermischen. Die Vanille und das Maismehl in Kokoswasser auflösen, die Kokosraspeln unterrühren und zur Milch-Ei-Mischung geben. Den Zucker zugeben und alles verrühren. In eine eingefettete Backform füllen und bei mittlerer Hitze etwa eine Stunde backen.
Abkühlen lassen und kalt servieren.

mindestens 1 ½ Stunden vorher beginnen

120 g Zucker
4 Eier
¼ l Milch
200 g Kondensmilch
1 TL Vanillemark
2 EL Maismehl
1 Kokosnuss (Kokoswasser und -raspeln)

Gebackene Bananen
Plátanos al horno (Guatemala)

4 große Bananen
125 g Butter
2 EL Honig
Zitronensaft
Sahne nach Bedarf

Die Bananen schälen und längs halbieren. In einem kleinen Topf die Butter weich werden lassen und in eine Auflauf- oder Kastenform geben. Die Bananen hineinlegen, mit Honig und Zitronensaft beträufeln und bei mittlerer Hitze 15 Minuten backen.
Mit der geschlagenen Sahne servieren.

Milchkonfitüre
Dulce de leche (Guatemala)

200 ml Sahne
300 ml Milch
250 g Zucker
1 Vanilleschote oder
1 Päckchen Vanillezucker

Alle Zutaten in eine Kasserolle geben und unter ständigem Rühren etwa 30 Minuten köcheln, bis die Masse eine leichte Karamellfärbung annimmt. Nach etwa 20 bis 25 Minuten prüfen, ob die gewünschte Konsistenz erreicht ist: Die Masse sollte nicht mehr flüssig, sondern leicht fest sein.
In Gläser füllen und im Kühlschrank aufbewahren.

Karamellpudding
Cajeta de manjar (Nicaragua)

½ l Milch
4 EL Mehl
250 g Zucker
60 g Butter

In einem Topf die Milch mit dem Mehl verrühren, nach und nach Zucker und Butter hinzufügen. Die Masse bei schwacher Hitze unter ständigem Rühren kochen, bis sie eine leicht bräunliche Farbe annimmt und fest wird.
Abkühlen lassen und in Dessertschälchen füllen.

Postres y Dulces

Kokosbällchen
Cajeta de coco (Costa Rica)

In einem großen Topf die Butter zerlassen, die Kondensmilch und einen Teil der Kokosraspeln hinzufügen und goldgelb backen. Den Topf vom Herd nehmen und die zerbröselten Kekse einstreuen. Alles erneut aufkochen und leicht abkühlen lassen. Noch im warmen Zustand aus der Masse Kugeln formen und auf Backpapier legen.
In einer Pfanne die restlichen Kokosraspeln rösten, bis sie eine leicht bräunliche Farbe annehmen. Die Kugeln darin wälzen und in einer leeren Kokosnusshälfte servieren.

230 g ungesalzene Butter
2 Dosen Kondensmilch
250 g Kokosraspeln
15 Vanillekekse

Salvadorianische Vanillemilchspeise
Leche poleada (El Salvador)

Die Milch mit dem Zucker vermischen, nach und nach die Eigelbe hinzufügen. Das Stärkemehl zugeben und alles zu einer glatten Masse verrühren. Bei schwacher Hitze unter ständigem Rühren köcheln. Den Zimt und das Vanillemark einrühren, bei Bedarf Rosinen einstreuen.

1 l Milch
100-150 g Zucker
3 Eigelb
50 g Stärkemehl
2 Zimtstangen
1 Vanillestange
Rosinen nach Bedarf

Kürbismilchdessert
Ayote con leche (El Salvador)

2 mittelgroße Kürbisse
1 l Milch
250 g Zucker
gemahlener Zimt

Die Kürbisse in kleine Stücke schneiden und die Kerne entfernen.
In einem Topf die Milch erwärmen und den Zucker darin auflösen. Kürbisstücke und Zimt zugeben und alles bei schwacher Hitze weich kochen.
Lauwarm servieren.

Mango in Honig
Mango en miel (Nicaragua)

für 6-8 Personen

12 mittelgroße reife, gelbliche Mangos
250 g brauner Zucker
1 zerstoßene Zimtstange oder
1 TL gemahlener Zimt
Eiswürfel nach Bedarf

Die Mangos schälen und pürieren.
In einem Topf mit 1 l Wasser das Püree mit dem Zucker und dem Zimt unter ständigem Rühren kochen, bis die Masse eine siruppartige Konsistenz annimmt. Den Topf vom Herd nehmen und abkühlen lassen.
In ein Glasgefäß oder eine Schale abwechselnd zerstoßenes Eis und Mango schichten.
Garnieren mit Süßem nach Wunsch.

Varianten
Statt Mangos eignen sich auch Ananas, Papayas, Melone oder Orangen.

Nougattafel
Turrón (Guatemala)

Die Eiweiße steif schlagen.
In einem Topf 30 ml Wasser und den Zucker unter Rühren zum Kochen bringen. Den Topf vom Herd nehmen, Honig und etwas Zitronensaft hinzufügen und alles zu einer weichen Masse verrühren. Die lauwarme Masse über den Eischnee gießen und erkalten lassen. Mit Zimt bestreuen.
Die Nougatmasse kann in zwei Tafeln geteilt werden.

6 Eiweiß
250 g Zucker
Honig
Zitronensaft
gemahlener Zimt

Varianten
Der Nougatmasse können je nach Anlass und Bedarf unterschiedlichste Zutaten beigegeben werden, etwa Mandeln (Turrón de almendra), Früchte (Turrón de frutas) oder Kokosraspeln (Turrón de coco).

Kokosstückchen
Conserva de coco (El Salvador)

Eine beliebte und sehr süße Kindernascherei

In einem Topf alle Zutaten miteinander vermischen und unter ständigem Rühren zum Kochen bringen, bis sich eine feste Masse bildet.
Abkühlen lassen und in kleine Quadrate schneiden.

200 ml Kokoswasser
200 g Kokosraspeln
250 g Zucker

Süße Spezialität aus Maismehl und Zuckersirup
Gofio (Nicaragua)

Diese Spezialität wird am traditionsreichsten Vorweihnachtsfest – Purísima, Mariä Empfängnis, am 7. Dezember – überall im Land verteilt.

für etwa 50 Stück

500 g brauner Zucker
2 Vanilleschoten
2 ½ kg Maismehl
30 g gemahlener Ingwer
30 g Anispulver
30 g gemahlener Zimt
5 gemahlene Gewürznelken

In einem Topf mit etwas Wasser den Zucker bei schwacher Hitze auflösen, dabei rühren, bis er eine leicht sirupartige Konsistenz annimmt. Abkühlen lassen und das Vanillemark unterrühren.

In einer Pfanne das Maismehl goldgelb anrösten, die Gewürze unterrühren. Ein Teil des Mehls auf einem Teller zur Seite stellen, das restliche Mehl nach und nach unter den Sirup rühren. Die Masse mit einem Holzlöffel auf einer Platte verteilen und in etwa 1 cm dicke Rechtecke schneiden. Mit dem restlichen Maismehl bestreuen und im Kühlschrank aufbewahren.

◆

Getränke
Bebidas

Im Kampf gegen die Hitze in Mittelamerika sind Erfrischungen ein unerlässlicher Begleiter im Alltag. Aber dank der Kakao- und der Kaffeebohne und des unermesslichen Reichtums an exotischen Früchten – von der Ananas über Kokosnuss, Mango und Papaya bis zur Zitrone – kann man überall Durstlöscher in vielfältigen Varianten herstellen.

◆

Geröstetes Maismehl mit Kakaopulver
Pinolillo / Pinol (Nicaragua)

Zu den beliebtesten Getränken gehört der in Nicaragua hergestellte Pinolillo, eine Erfrischung aus Kakao, Wasser und Maismehl. Es gilt als eines der traditionellsten Getränke des Landes und ist verbreitet wie kein anderes. Überall in den Städten oder auf den Märkten bieten Pinolillo-Verkäufer das Getränk an, süß und ungesüßt. Es ist einfach zuzubereiten und wird zu jeder Tageszeit, an allen Orten und von allen Bevölkerungsgruppen gleichermaßen gern getrunken. Traditionell wurde es früher in getrockneten, verzierten Kürbisschalen serviert.

250 g Maismehl
2 EL Kakaopulver
2 EL Zucker
2 EL Honig
1 TL gemahlener Zimt
1 Prise Pfeffer
1 Prise Gewürznelkenpulver
60 ml Milch oder Wasser

In einer Pfanne das Maismehl anrösten und mit den übrigen Zutaten im Mixer schaumig rühren. In einem Trinkgefäß (Becher, Glas oder Tasse) warm oder kalt servieren.

Bebidas 161

»Geschlagenes«
Batido (Belize, Guatemala, Panama, Costa Rica)

Batidos sind Erfrischungsshakes und werden zu allen Gelegenheiten getrunken. Sie werden zubereitet mit Früchten, Milch oder Wasser, mitunter verfeinert mit Schokolade oder Kakao.

Batido nach alter indianisch-guatemaltekischer Art
Batido tradicional de los indígenas de Guatemala

Dieses Getränk ist in Guatemala eine von vielen Varianten, um Kakao zuzubereiten. In früherer Zeit verwendeten die Maya einheimische Zutaten wie Honig, Mais, Piment und Paprika. Nachdem die Spanier das Land besiedelten und unbekannte Gewürze mitbrachten, veränderte sich auch die Zubereitung des Batidos durch neue Zutaten wie Rohrzucker, Zimt, Reis oder schwarzen Pfeffer.

Die Kakaobohnen mahlen, in einer Schale mit lauwarmem Wasser vermischen und zu einem Brei verrühren. Die Gewürze nach Bedarf hinzufügen.

Für den Batido in einer Kürbisschale 1 TL Brei mit heißem Wasser vermischen.

Kakaobohnen
Vanillestange (Mark)
gemahlene Annattosamen
Ohrenblume
gemahlene Sapotillkerne oder
 ein mehliger Apfel

Anmerkungen
Ohrenblume zur Verfeinerung des Getränks wird in Guatemala verwendet. Da sie andernorts nicht vorkommt, wird das Getränk auch ohne diese Pflanze zubereitet.

Sapotill ist eine Baumart, dessen Früchte einem mehligen Apfel ähneln. Sie wächst in Costa Rica und Mexiko.

Bananenshake
Batido de plátano (Nicaragua)

4 reife Bananen
1 l Sahne
30 g Vollmilch- oder
  dunkle Schokolade
200 g Zucker
1 Zitrone (Saft)
Schokoladenraspeln
  zum Garnieren

Die Bananen schälen, in Stücke schneiden und in eine große Schüssel legen. Nacheinander die anderen Zutaten hinzufügen und kräftig durchmischen. In hohe Gläser gießen und in den Kühlschrank stellen.

Vor dem Servieren mit Schokoladenraspeln garnieren.

Mangoshake
Batido de mango (Costa Rica)

1 kg Mango
1 l Milch
125 ml Kondensmilch
3 EL Zitronensaft
Eis nach Geschmack
gemahlener Zimt
  nach Geschmack
5 EL Rum
Trauben zum Garnieren

Alle Zutaten ohne den Rum im Mixer gut verrühren. Den Rum löffelweise hinzufügen und weiter umrühren.

In hohen Gläsern servieren und mit Trauben garnieren.

Dickflüssiges Maisgetränk
Atol de elote (Guatemala)

für 6 Personen

500 g Maiskörner
120 g Zucker
1 pulverisierte Zimtstange
  oder gemahlener Zimt

Den Mais in etwa ¾ l Wasser pürieren. Zucker, Zimt sowie ¼ l Wasser hinzufügen und alles bei schwacher Hitze unter ständigem Rühren etwa 10 Minuten kochen.

In Gläser füllen und abkühlen lassen. Vor dem Servieren mit Zimt bestreuen.

Ananas-Reis-Getränk
Chicha de arroz con piña (Panama)

Ein süß schmeckender und in Panama weit verbreiteter Erfrischungssaft

Die Ananasschale gut waschen und so klein wie möglich schneiden. Mit dem Reis in einen Topf geben, mit Wasser bedecken und kochen, bis der Reis weich ist. Falls nötig, Wasser zugießen – der Reis darf nicht austrocknen.
Die Reismasse durch ein Sieb geben und die aufgefangene Flüssigkeit in einem Glasgefäß einige Stunden kalt stellen.
Mit den übrigen Zutaten vermischen. Das dickflüssige Getränk kalt servieren.

mehrere Stunden vorher beginnen

1 Ananas (Schale)
60 g Reis
125 ml Milch oder Wasser
Zucker nach Bedarf
Vanille nach Bedarf
gemahlener Zimt nach Bedarf
1 geriebene Muskatnuss nach Bedarf

Herzhaft gewürzte Erfrischung
Fresco de cebada (El Salvador)

In einem geschlossenen Topf Wasser mit Nelken, Zimt, klein geschnittenem Ingwer und Pfeffer aufkochen. Das Mehl in etwa 125 ml Wasser auflösen, zugeben und umrühren, damit es nicht klumpt. Bei schwacher Hitze 5 Minuten ziehen lassen.
Eine Sauce aus ½ l Wasser, Zucker, Vanille und Erdbeermus herstellen, zu der Gewürzmischung geben und alles kräftig verrühren.
Vor dem Servieren Eiswürfel hinzufügen und bei Bedarf mit Milch verfeinern.

5 Gewürznelken
1 Zimtstange
1 Stück Ingwer
5 Pfefferkörner
30 g Mehl
250 g Zucker
1 TL Vanillemark
3 TL Erdbeermus
Milch nach Bedarf

»Blüte des Zuckerrohrs«
Flor de Caña (Nicaragua)

Flor de Caña genießt den Ruf, der beste Rum Mittelamerikas zu sein. Er ist mittlerweile weltweit bekannt und wurde mehrfach ausgezeichnet. Flor de Caña entstand anlässlich eines Festes zum Ende der Zuckerrohrernte vor über 100 Jahren, als die Inhaber einer Zuckerrohrfabrik in der Gegend von Chichigalpa, auf deren fruchtbarem vulkanischen Boden auf mehreren Hundert Hektar Zuckerrohr angebaut wurde, damit experimentierten.

Unterschiedliche Jahrgänge – fünf, sieben, zwölf oder 18 Jahre alt – weisen unterschiedliche Geschmacksrichtungen auf: eine milde Kakao- und Schokoladennote die jüngeren, kräftige Aromen die reiferen oder Aromen gerösteter Nüsse die älteren Jahrgänge.

Gewöhnlich trinkt man diesen weichen, vollmundigen Rum pur, dennoch werden jüngere Jahrgänge auch für Cocktails oder Mixgetränke genutzt.

Mango-Colada-Cocktail mit Flor de Caña
Mango-Colada con Flor de Caña (Nicaragua)

40 ml Flor de Caña
100 ml Mango- oder Papayasaft
60 ml Ananassaft
30 ml Kokossirup
30 ml Sahne
1 Scheibe Ananas, Limette oder Orange zum Garnieren

Alle Zutaten im Mixer etwa 2 Minuten auf höchster Stufe durchmischen. In Cocktailgläser füllen, mit einer Fruchtscheibe garnieren und servieren.

Nicaraguanischer Rumcocktail
Nica libre (Nicaragua)

Nicht nur die Zigarre, gedreht aus dem ökologisch angebauten Tabak, der am Fuße des größten Vulkans Ometepe geerntet wird, auch der beliebte Rumcocktail trägt den Namen Nica libre.

Alle Zutaten in ein hohes Glas geben und kräftig schütteln. Mit einer Zitronenscheibe garnieren und kalt servieren.

Eiswürfel
60 ml Flor de Caña
120 ml Cola
1 TL Zitronen- oder Limettensaft
1 Scheibe Zitrone zum Garnieren

Rum-Cocktail mit Früchten
Macuá (Nicaragua)

Alle Zutaten im Mixer auf höchster Stufe durchmischen. In ein hohes Glas füllen, mit Orangenscheibe sowie Kirsche garnieren und eiskalt servieren.

Eiswürfel
100 ml Flor de Caña
35 ml Guavensaft
50 ml Orangensaft
25 ml Zitronensaft
10 ml Zuckersirup
1 Orangenscheibe zum Garnieren
1 Cocktailkirsche zum Garnieren

Maiskaffee
Café de maíz (Mittelamerika)

500 g Maiskörner
10 EL gemahlener Kaffee
10 g gemahlener Zimt
10 Pimentkörner

In einem Topf 2 l Wasser zum Kochen bringen. Die Maiskörner rösten und mit dem Kaffeepulver vermischen. Die Mischung mit den Gewürzen in das kochende Wasser geben, alles etwa 2 Minuten aufkochen. Den Kaffee filtern und heiß servieren.

Kaffee mit Zimt
Café con canela (Mittelamerika)

gemahlener Kaffee
gemahlener Zimt

Den Kaffee auf übliche Weise aufbrühen und Zimt nach Geschmack zugeben.

»Die Rutsche« – Würziges Reisgetränk
Resbaladera (Costa Rica)

Resbaladera ist ein typisches Getränk im Norden Costa Ricas. Dort wird es zu fast jeder Tageszeit, vorzugsweise jedoch mittags, zusammen mit einer kleinen Süßigkeit und als Erfrischung an sehr heißen Tagen getrunken.

mindestens 2 Stunden vorher beginnen

250 g Reis
½ l Milch
4 Gewürznelken
2 Zimtstangen
1 Prise geriebene Muskatnuss
2 TL Stärkemehl
Zucker zum Abschmecken

Den Reis etwa zwei Stunden einweichen.
   In einem Topf die übrigen Zutaten 15 bis 20 Minuten kochen, den Reis zugeben und erneut aufkochen. Den Topf vom Herd nehmen, die Flüssigkeit durchsieben und in einem Glasgefäß abkühlen lassen.
   Mit Zucker abschmecken und mit Eiswürfeln servieren.

»Froschwasser« – Süßes Erfrischungsgetränk
Agua de sapo (Costa Rica)

Ein Erfrischungsgetränk der Bewohner der costaricanischen Atlantikküste

Den Zucker zerstampfen, den Ingwer klein schneiden. Beides in 1 l Wasser kochen, bis sich der Zucker vollständig aufgelöst hat. Abkühlen lassen und durch ein Sieb abgießen. Den Zitronensaft und etwa 2 l Wasser hinzufügen. Mit Eiswürfeln servieren.

für 12 Gläser

1 Päckchen Würfelzucker
250 g Ingwer
120 ml Zitronensaft

Honduranischer Eierlikör
Rompopo (Honduras)

Die Eigelbe schlagen, den Zucker nach und nach hinzufügen. Die Kondensmilch und den Zimt untermischen. Die Masse in einen Topf geben. Das Maismehl in 1 Tasse Wasser auflösen und mit 1 weiterer Tasse Wasser hinzufügen. Die Mischung kochen, bis sie dickflüssig ist.
Den Topf vom Herd nehmen und abkühlen lassen. Den Rum zugießen und in Flaschen füllen.

für 2 Flaschen

4 Eigelb
220 g Zucker
¼ l Kondensmilch
gemahlener Zimt
nach Bedarf
120 g Maismehl
1 Flasche Rum

Rezeptregister

Agua de sapo 167
»Alte Klamotten« 104
»Alter Indio« 105
Anafre 67
Ananas-Reis-Getränk 163
Arroz a la valenciana estilo
   nicaragüense 123
Arroz con chorizo
   y ajíes dulces 118
Arroz con coco y guando 98
Arroz con guandúes 97
Arroz con leche 150
Arroz con pollo 121
Arroz con puerco y vegetales 117
Arroz criollo 57
Arroz y frijoles 94
Atol de elote 162
Avocadocreme 90
Ayote con leche 156
Bacalao a la vizcaina 131
Bananen, gebacken 154
Bananenfischcreme 136
Bananenkuchen 139
Bananenshake 162
Barbudos 101
Batido 161
Batido de mango 162
Batido de plátano 162
Batido nach alter indianisch-
   guatemaltekischer Art 161
Batido tradicional de los
   indígenas de Guatemala 161
Belizianische Baisers 151
Belizianische Tortillas 94
Blätterteigflocken 144

»Blüte des Zuckerrohrs« 164
Blutwurst 120
Bocado de la reina 142
Bohnenchiladas 100
Bohnen-Käse-Wurst-Spezialität
   Anafre 67
Bohnensuppe mit Eiern
   und Bananen 78
Bohnensuppe mit
   Tintenfisch 135
Bon Pan 138
Bundiga 136
Buntbarsch aus Tipitapa 129
Cack-ik 84
Café con canela 166
Café de maíz 166
Cajeta de coco 155
Cajeta de manjar 154
Caldo de pollo 85
Camarones al ajillo 130
Carimañolas 115
Carne asada 119
Carne asada en naranja agria 120
Carne desmenuzada 108
Carne en jocón con arroz
   guatemalteco 111
Carne en vaho 109
Carne guisada de marrano
   estilo costa sur 117
Carne picada con verduras 99
Casado 106
Cevice 132
Cevice de camarón 133
Chicha de arroz con piña 163
Chicharronnes 119

Rezeptregister

Chiles rellenos en salsa
  de tomate 96
Chirmol salvadoreño 87
Chorizo con vegetales 98
Chorreadas 63
Cocadas con almendra 145
Coctel de camarones 134
Coctel de conchas 134
Conserva de coco 157
Curryhuhn 122
Curtido 92
Dickflüssiges Maisgetränk 162
»Die Rutsche« 166
Dreierlei-Milch-Kuchen 146
Dulce de leche 154
Dulce de papaya 153
Eier mit kreolischer
  Paprikawurst 121
Empanadas de ayote 47
Enchiladas de frijoles 100
Enchiladas nicaragüenses 118
Ensalada de mariscos 131
Ensalada de repollo 93
Ensalada en escabeche 91
Espumilla 151
»Fasern« 107
Fest-Huhn 124
Feuerbohnensuppe 74
Fiambre 48
Filetes de pescado
  empanizado 133
Fischfilet, paniert 133
Fischfilet in Kokosmilch 128
Fischsuppe mit Maniok 76
Fladenkuchen aus Maismehl 147
Flan de coco 153
Fleisch in Orangensaft,
  gebraten 120
Fleischeintopf 104
Fleischgericht mit scharfer
  Sauce 113

Flor de Caña 164
Fresco de cebada 163
Frittierte Kochbananensuppe 77
Frittierter Toast 139
Frituras de yuca y queso 66
»Froschwasser« 167
Gallina rellena 125
Gallo pinto 46
Gambas en salsa de papaya
  de Belize 128
Garnachas beliceñas 94
Garnelen in Knoblauch 130
Garnelen in Papaya-Sauce
  auf belizianische Art 128
Garnelen-Ceviche 133
Garnelencocktail 134
Gebackene Bananen 154
Gebackene Kochbananen 152
Gebackene Maniok-und-Käse-
  Krapfen 66
Gebratene Kochbananen 62
Gebratene Rippchen 119
Gebratene Schweineschwar-
  ten 119
Gebratene Schweineschwar-
  ten mit Weißkohl und
  Maniok 116
Gebratenes Fleisch in
  Orangensaft 120
Gebratenes Rindfleisch I 108
Gebratenes Rindfleisch II 112
»Gefleckter Hahn« 46
Gefüllte Kürbisteigtaschen 47
Gefüllte Maisfladen in
  Bananenblättern 52
Gefüllte Maispastete in Mais-
  oder Bananenblättern 50
Gefüllte Manioktaschen 115
Gefüllte Paprika in
  Tomatensauce 96
Gefülltes Huhn 125

Gekochter Käse mit Zwiebeln
    und Tortilla 64
Gemischtes Eintopfgericht 106
Gemüseeintopf mit gehacktem
    Schmorfleisch 99
Gemüse-Reis-Platte 97
Gemüsesuppe 78
Geröstetes Maismehl
    mit Kakaopulver 160
»Geschlagenes« 161
Geschmortes Schweinefleisch
    nach Art der Bewohner
    der Südküste 117
Gofio 158
Guacamole 90
Guacho 97
Guapote en Tipitapa 129
Guatemaltekische Suppen-
    spezialität mit Hühnchen 84
Guatemaltekischer Baiser 151
Guatemaltekischer
    Bananenkuchen 140
Gurkensuppe 81
Hackfleisch mit Stachelkürbis
    und Mais 95
Herzhaft gewürzte
    Erfrischung 163
Herzhaftes Bananenbrot 140
Hilachas 107
Hojuelas 144
Honduranischer Eierlikör 167
Hudut 128
Huevos con chorizos criollos 121
Huhn, gefüllt 125
Hühnchenreis 121
Hühnerbrühe 85
Hühnersuppeneintopf 71
Indio viejo 105
Johnny Cake 147
Kabeljau auf Biskayisch 131
Kabeljausuppe 73

Kaffee mit Zimt 166
Kalte Platte zu Allerheiligen 48
Karamellpudding 154
Karibische Suppe mit Fisch in
    Kokosmilch 82
Käse mit Zwiebeln und Tortilla,
    gekocht 64
Kleine Maiskekse 148
Kloßsuppe 70
Kochbananen, gebacken 152
Kochbananen, gebraten 62
Kochbananensuppe, frittiert 77
Kokosbällchen 155
Kokosflammerie 153
Kokos-Mandel-Plätzchen 145
Kokosstückchen 157
Königinhappen 142
Kreolischer Reis nach karibischer
    Art 57
Kreolisches Brot 143
Kürbis-Empanadas 47
Kürbismilchdessert 156
Kürbisteigtaschen, gefüllt 47
Kuttelsuppe 79
Leche poleada 155
Macuá 165
Madurar 62
Maduros en gloria 152
Maisauflauf mit Fleisch 110
Maiscremesuppe von jungem
    Mais 77
Maisfladen 60
Maisfladen in Bananenblättern,
    gefüllt 52
Maiskaffee 166
Maiskuchen 144
Maismehlkringel 63
Maispastete in Mais- oder
    Bananenblättern, gefüllt 50
Maispfannkuchen 63
Maistörtchen mit Loroco 64

Rezeptregister

Mango en miel 156
Mango in Honig 156
Mango-Colada con
   Flor de Caña 164
Mango-Colada-Cocktail mit
   Flor de Caña 164
Mangoshake 162
Maniok mit Schweine-
   schwarten 114
Manioktaschen, gefüllt 115
Maniok-und-Käse-Krapfen,
   gebacken 66
Marquesote 141
Masa de cazuela 110
Meeresfrüchtesalat 131
Merengue 151
Milchkonfitüre 154
Milchreis 150
Mondongo 79
Moronga 120
Muschelcocktail 134
Nacatamales 52
Nica libre 165
Nicaraguanische Enchiladas 118
Nicaraguanischer Krautsalat 93
Nicaraguanischer
   Rumcocktail 165
Nicaraguanisches Maisbrot 148
Nougattafel 157
Omelett mit grünen Bohnen 101
Palmenfruchtsuppe 72
Pan criollo 143
Pan de elote 148
Pan de miel de Navidad 141
Paniertes Fischfilet 133
Papaya-Dessert 153
Paprika in Tomatensauce,
   gefüllt 96
Paprikawurst mit Gemüse 98
Pastel de banano 140
Pastel de maíz 144

Pepián dulce 86
Perrerreque 148
Picadillo de chayote con elote 95
Pinol 160
Pinolillo 160
Pinto 135
Plátanos al horno 154
Pökelfleisch, gedünstet in
   Bananenblättern 109
Pollo al curry 122
Pollo en chinamo 124
Pollo en fiesta 124
Polvorón 148
Pudding aus Süßkartoffeln 152
Pudín de camotes 152
Pulique 113
Pupusas 54
Pupusas con chicharrón 56
Queque de banano 139
Quesillo 64
Reife Herrlichkeit 152
Reis mit Bohnen 46
Reis mit frischen Bohnen 97
Reis mit Kokos und frischen
   Erbsen 98
Reis mit Paprikawurst 118
Reis mit Schweinefleisch
   und Gemüse 117
Reis und Bohnen nach
   belizianischer Art 94
Resbaladera 166
Rice and Beans 94
Rinderfilet in Gemüse 107
Rinderrollbraten mit Reis
   auf guatemaltekische Art 111
Rinderschwanzsuppe 80
Rinderschwanzsuppe mit Reis 80
Rindfleisch, gebraten, I 108
Rindfleisch, gebraten, II 112
Rippchen, gebraten 119
Roher Fischsalat 132

Rompopo 167
Rondón 82
Rondón con carne de cerdo 83
Rondón mit Schweinefleisch 83
Ropa vieja 104
Rum-Cocktail mit Früchten 165
Salat in Marinade 91
Salpicón 112
Salsa de pinol 87
Salvadorianische Maistortillas 54
Salvadorianische Maistortillas
  mit knusprig gebratener
  Schweineschwarte 56
Salvadorianische Vanille-
  milchspeise 155
Salvadorianischer Krautsalat 92
Salvadorianischer Tomatendip 87
Sancocho de gallina 71
Sauce aus geröstetem Mais 87
Schwarze Bohnensuppe 75
Schweinefleisch nach Art der
  Bewohner der Südküste,
  geschmort 117
Schweineschwarten,
  gebraten 119
Schweineschwarten mit Weißkohl
  und Maniok, gebraten 116
Sopa de albóndigas 70
Sopa de bacalao 73
Sopa de cola 80
Sopa de cola de res 80
Sopa de crema de maíz nuevo 77
Sopa de frijoles rojos 74
Sopa de frijoles, huevos
  y plátanos 78
Sopa de pejibaye 72
Sopa de pepino 81
Sopa de pescado con ñame 76
Sopa de plátano verde 77
Sopa de verduras 78
Sopa negra 75

Sopa seca de frijoles
  con calamares 135
Spinattörtchen 65
Süße Sauce 86
Süße Spezialität aus Maismehl
  und Zuckersirup 158
Süßer Reibekuchen 141
Süßes Erfrischungsgetränk 167
Süßes Früchtebrot 138
Tamales 50
Toast, frittiert 139
Torrejas 139
Torta de plátano 140
Tortas de espinacas 65
Tortillas 60
Tortitas de loroco 64
Totopostes 63
Tres leches 146
Turrón 157
Valencianischer Reis auf
  nicaraguanische Art 123
»Verheiratet« 106
»Vernebeltes Fleisch« 109
Vigorón 116
Weihnachtliches Honigbrot 141
Würziges Reisgetränk 166
Yuca con chicharronnes 114

Stichwortregister

Die *kursiven* Seitenangaben verweisen auf Texte, die den Begriff erläutern, die übrigen auf Rezepte, in denen diese Zutat eine wichtige Rolle spielt.

Ananas 36, 57, 125, 128, 156, 163
Annatto *40*
Avocado *33*, 90, 132
Banane *36*, 78, 80, 109, 139, 140, 154, 162
Blumenkohl *48*, 91
Bohnen *33*, 46, 48, 56, 67, 74, 75, 77, 78, 91, 94, 97, 98–101, 106, 113, 135
Bratwurst *48*
Brokkoli 91
Chayote *34*, 73, 95, 98
Chili *40*
Chorizo *48*, 67, 98, 118, 121
Erbsen *48*, 78, 91, 98, 99, 111
Fisch 73, 76, 82, 128, 129, 131–133, 136
Garnelen *48*, 128, 130, 131, 133, 134
Gemüsebananen *48*
Grapefruit *39*
Gurken 81
Hackfleisch 70, 95, 96, 115, 118
Huhn *48*, 50, 57, 71, 78, 85, 86, 97, 104, 106, 113, 121–125
Kaktusfeige *37*
Kartoffeln 50, 52, 73, 78, 80, 99, 100, 107, 124, 125
Kichererbsen 104
Knoblauch *40*
Kochbanane 52, 62, 71, 73, 76, 77, 80, 82, 83, 109, 117, 128, 136, 140, 152

Kokosnuss *37*, 82, 83, 94, 97, 98, 122, 128, 136, 145, 147, 152, 153, 155, 157
Kopfsalat 49
Koriander *41*
Kürbis 47, 56, 156
Kurkuma *41*
Kutteln 79
Lauch 50
Limone *39*
Mais *34*, 63, 73, 77, 79, 80, 87, 95, 144, 148, 162, 166
Mango *38*, 57, 156, 162, 164
Maniok *34*, 66, 76, 80, 82, 83, 98, 109, 114–116
Melone *38*, 156
Möhren *48*, 50, 73, 78, 91–94, 98–100, 107, 111, 117, 123–125
Mortadella *48*
Muscheln 134
Okraschoten 76
Orange *39*, 79, 156
Papaya *38*, 128, 153, 156
Paprika *41*, 46, 48, 52, 56, 57, 71–77, 81–83, 86, 87, 91, 96, 98, 105–113, 117, 118, 123, 125, 128, 131, 134
Pfirsich 72
Pilze 121
Pökelfleisch 109

Reis 35, 46, 52, 57, 73, 79, 80, 94, 97, 98, 106, 111, 117, 118, 121, 123, 131, 150, 163, 166
Rindfleisch 47, 105, 106–108, 110–113, 120
Rippchen 97, 114, 117, 119
Rotkohl 94
Salami 48
Scampi 57
Schinken 48, 65, 123
Schmorfleisch 99
Schweinefleisch 51, 52, 83, 106, 113, 117, 120, 125
Schweineschwarte 56, 114, 116, 119
Sellerie 50, 73, 80, 98, 106, 111, 112, 117, 119, 131
Speck 52, 120
Spinat 65
Stachelgurken 48
Stachelkürbis 34
Süßkartoffel 35, 98, 152
Thunfisch 131
Tintenfisch 135
Tomaten 52, 56, 65, 70, 76, 77, 80, 84–87, 93, 96, 97, 99, 100, 104–111, 113, 116, 117, 122, 123, 128, 129, 131, 132, 134
Truthahn 84
Vanille 42
Weißkohl 48, 78, 80, 92, 93, 116
Yamswurzel 71, 152
Zucchini 124
Zunge 48

Foto aus: PANORAMA Bildband Mundo Maya. Von Linda O'Bryan und Hans Zaglitsch.

Reiseführer Mexiko
897 Seiten € 25,00

Reiseführer Costa Rica
660 Seiten € 24,90

Reiseführer Panama
504 Seiten € 23,90

Reiseführer Yucatán und Chiapas
636 Seiten € 22,50

Soundtrip Mexiko

Soundtrip Northeast Brazil

Soundtrip The Andes

Soundtrip The Andes

Die Compilations der CD-Reihe sound)))trip stellen aktuelle und typische Musik eines Landes oder einer Region vor.

Im Buchhandel erhältlich. Unverbindl. Preisempf.:

EURO 15,90 [D]

Über weitere Stadtführer, Sprachführer, Kulturführer und Landkarten zu Mittelamerika informiert Sie unsere Internetseite.

www.reise-know-how.de

In der Reihe »**Gerichte und ihre Geschichte**« erschienen:

Hamidullah Kabuli Kohgadai
◆ Afghanisch kochen

Havva – Eva Seyberth
◆ Ägyptisch kochen

Lisa Shoemaker
◆ Amerikanisch kochen

A. Martínez Paternina
◆ Das Anden-Kochbuch

Magdi und Christine Gohary,
Brahim Lagunaoui
◆ Arabisch kochen

Martha B. Muti De Malazzo
◆ Argentinisch kochen

Stefan Ullmann
◆ Australisch kochen

Rose Marie Donhauser
◆ Balinesisch kochen

Anne Iburg
◆ Baltisch kochen

Moema Parente Augel
◆ Brasilianisch kochen

Charlotte Noer
◆ Dänisch kochen

Lisa Shoemaker
◆ Englisch kochen

E. Winkelmann / C. Moser / A. Marinkovic / M. de Klepper / G. van de Bunt
◆ Holländisch kochen

Brigitte und Elmar Engel
◆ Indianisch kochen

Madhur Jaffrey
◆ Indisch kochen

Jürgen Schneider
◆ Irisch kochen

Katrin Richter / Martin Krauß
◆ Israelisch kochen

Elisabeth Veit
◆ Kanarisch kochen

Torsten Eßer
◆ Katalanisch kochen

Birgit Kahle
◆ Kubanisch kochen

Héctor Ernesto Mairena / Magrit Liepe
◆ Mittelamerikanisch kochen

Beate Engelbrecht / Ulrike Keyser
◆ Mexikanisch kochen

Alexander Pöche / Susanne Schöer
◆ Norwegisch kochen

Magdi und Christine Gohary
◆ Orientalisch kochen

Ketsela Wubneh-Mogessie
◆ Ostafrikanisch kochen

Parvin Vormweg
◆ Persisch kochen

Magrit Liepe
◆ Polnisch kochen

Márcia Zoladz
◆ Portugiesisch kochen

Irina Carl
◆ Russisch kochen

Anne Iburg
◆ Schwedisch kochen

H.-U. Stauffer / H. Fontana
◆ Südafrikanisch kochen

Tsering Mendrong
◆ Tibetisch kochen

Bânu Yalkut-Breddermann /
Hanjo Breddermann
◆ Türkisch kochen

Peter Meleghy
◆ Ungarisch kochen

Jojo Cobbinah / Holger Ehling
◆ Westafrikanisch kochen

Die Bücher sind mit Farbtafeln ausgestattet, fest gebunden und kosten jeweils 16,90 €.

www.werkstatt-verlag.de